JN146510

老いた親へのイラッとする気持ちがスーッと消える本

榎本睦郎
日本老年医学会専門医
榎本内科クリニック院長

永岡書店

昔は違ったのに……

年をとると人が変わるの？

何度もくり返される同じ話……
些細なことで突然怒りだす……
モノを捨てずに溜め込む……
身だしなみに無頓着に……
それって、やっぱり年のせい？

親の話にゆっくり耳を傾けたり
いたわりの言葉をかけたり
やさしく穏やかに接したいのに

「年寄り扱いするな！」と言われてイラッ！
「じゃあ、もう手伝わない！」と親子喧嘩。
大人気《おとなげ》ないかな？と自己嫌悪の日々……

高齢者の困った行動には理由があります

老化現象で体も脳も衰えていきますが
「年だから仕方がない」ですませずに
コミュニケーションを
あきらめないことが大切です。

老化のしくみを知ると、
親の気持ちがわかり、
やさしく付き合うための
コツがつかめます。
するとお互いにイライラが消えて
素直になれます。

高齢者との
コミュニケーションを学ぶことは
あなたが幸せに暮らすための
必須スキルです！

本書はこんな人におすすめ

- 老化現象による親の衰えが気になる家族
- 定年を迎え、自分の老化に不安を感じる方
- 仕事などで高齢者とかかわることが多い方

本書を読むメリット

- 老いた親が元気になる付き合い方がわかります
- 親子関係がうまくいき、お互い幸せに暮らせます
- 老いのしくみがわかり、老化対策に役立ちます

もくじ

序章 お互いがハッピーになる！ 老いた親と上手に付き合う5つのルール

第1章 年をとって人が変わった!? 高齢者の困った心理

コラム　高齢者医療の診察室から

第2章

なんでそうなるの!?

高齢者の困った行動

第3章 老いて衰えるばかり!? 高齢者の困った生活

序章

お互いがハッピーになる！

老いた親と上手に付き合う5つのルール

老化のしくみをちょっと知るだけで老いた親とうまく付き合えるようになる

▼私が老年病科を選んだ理由

私は1992年に東京医科大学を卒業し、同大学の老年病科（現・高齢診療科）に入局しました。「老年病科」という診療科は、今でもそれほど知られているとはいえませんが、当時はもっと知名度が低かったものです。なぜそんなところを選んだかというと、総合的に内科を学びたかったからです。

NHKに「総合診療医ドクターG（ジェネラル）」という医学・医療関連の情報番組があります。最近では総合診療科を置く病院が増えていますが、当時は、診療科はすべて臓器別に細分化されていて、内科全般を学べるところはありませんでした。唯一あったのが「65歳以上の高齢者の多臓器にわたる内科疾患を総合的に診療する」老年病科だったのです。ですから、私は高齢者医療に関心が高かったというより、ドクターGになりたくて老年病科を選んだのです。

25歳で医師としてのスタートを切ってすでに26年。最初は高齢者専門の医師を目指していたわけではなかったのに、ちょうど日本が高齢化社会に突き進んで来た時代背景もあり、気がついたら人生の半分以上を高齢者医療に従事して過ごしてきました。これまでずいぶん多くの高齢者とそのご家族に接してきました。２００９年にクリニックを開院してからは、毎月１６００人を超えるご老人を診察していますが、そこで実感するのは、時代とともに〝老人像〟や〝高齢の親と子のあり方〟が大きく様変わりしてきたということです。

▼「老化」に対するジェネレーションギャップがトラブルの元凶

毎日ご老人に接していて強く感じるのは「老い方は人それぞれである」とい

うことです。70年も80年も生きていると、その人の性格や生活習慣の積み重ねが〝老化度〟として表に現れてくるため、老い方にも個人差が出てきます。

たとえば同じ80歳でも、まだまだ現役で働いている人もいれば、認知症で介護状態の人もいます。性格も楽観的な人、悲観的な人とさまざまです。

一昔前は、70歳、80歳のご老人といえば、「盆栽をいじって孫のお守りをする、穏やかなおじいさん」というイメージがありましたが、今ではとんでもない話です。平均寿命がのびて、１００歳を超える人が７万人に迫る時代ですから、70歳、80歳なんてまだまだ〝若輩者〟。海外旅行をしたり異性との交流を楽しんだりして、人生を謳歌している人も少なくありません。老化の進み方の個人差が大きくなっているように感じますし、今のご老人は自分が高齢者であるという自覚も希薄です。

ところが、ご老人の子世代はというと「年をとったら、人間的に丸くなるもの」と思い込んでいるので、老いた親に対して「おとなしく言うことを聞いてほしい」とイライラを募らせてしまう……。親子間で老化に対する認識にジェネレーションギャップが生じています（46ページのアンケート参照）。

私の経験から言うと、年相応に老け込んでしまう人より、年をとっても「自分は若い」と〝勘違い〟をしている人のほうが、見た目も若々しく、元気に長生きしているように思います。

ただし、気持ちは若くても、老化によって体や脳の機能は確実に衰えてきます。たとえば、近年大きな社会問題にもなっている高齢者の自動車事故。「自分は運転のベテランだから、事故なんて起こすはずがない」と本人は思い込んでいても、とっさの判断力や反射神経は明らかに衰えているため、思わぬ事故を招いてしまうのです。ご老人側も、見た目は若々しいけれども、心や体は明らかに老いが忍び寄っているという現実を認め、受け入れるべきでしょう。

今どきのご老人と正しく付き合うための5つのルール

私のクリニックでは大半の方はお子さんに付き添われて来ますが、そのお子さんたちも、老いた親に見られるさまざまな変化にどう対処してよいかわからず、戸惑いや不安、イラだちを感じているのがよくわかります。自分の親の老いに直面するのは、誰しも初めての経験なので無理もありません。しかし、ご老人の不可解な行動や言動には、ちゃんとした理由・原因があります。

本書では、私のクリニックに来院される親世代、子世代に「老化に関する意識アンケート」を実施。アンケート結果を元に「ご老人の困った行動」の数々をとりあげ、高齢者医療の視点から解説しています。老化のしくみを知り、ご老人側の気持ちに気づくだけで、付き合うストレスがスーッと消えていき、お互いに気持ちよくコミュニケーションをとることができるでしょう。

次ページから紹介する高齢者との「付き合い方のルール」は、クリニックで診察するときに私自身が実践していることです。困った言動にイラッとしたときは、このルールを思い出してみてください。ご老人とのコミュニケーションへの不安や怒りが解消されて、お互いに笑顔が戻ってくるでしょう。

付き合い方のルール①

「ダメ出しせず、ほめる」

ご老人のプライドを傷つけないことが第一
長所を見つけてほめれば、やる気がアップします

老化現象としての脳の萎縮に伴う変化や身体的な衰えが原因で、今までできていたことができなくなることが増えてきます。ご老人自身、そのことにもどかしさを感じています。

家族はつい欠点が目についてしまいがちですが、とやかく言っても弱点をクリアできない可能性が高いので、ダメ出しをしないことが重要です。得意とする長所を見つけてほめることでやる気が高まり、頑張ろうという気になります。

付き合い方のルール②

「寄り添う」

気持ちに寄り添って話を聞いたり、肯定するとご老人は幸せ感覚に包まれます

ご老人は、活動範囲が狭く、興味の対象が限られてしまうため同じ話をくり返しがち。しかし、本人にとってはとても重要で強く伝えたい内容です。つい、「何度も聞いたよ」と言いたくなりますが、悟りの境地で拝聴しましょう。

また、バッグの中身を何度も出し入れしたり、トイレに頻繁に行くようなくり返される行動も不安感の現れ。こうした不安で心配な気持ちに寄り添うことで、ご老人は安心感を得られます。

付き合い方のルール③

「ポジティブな声かけ」

否定しない、好意的な声かけで自分のことを大事に思ってくれていると感じる

若い世代はご老人の行動をもどかしく感じ、口やかましく指示しがちです。しかし、ご老人からすると、周りから否定されていると感じ、ネガティブにとらえてしまいます。

たとえば、薬を飲みたがらない場合、「続けて飲んでいると安心ですよ」と好意的な声かけをすると、アドバイスを受け入れてくれるでしょう。同じ内容でも言葉の選び方で、受け取る側の印象はずいぶん変わってきます。

付き合い方のルール④

「役割を確保する」

自分の存在意義を確認できるのは重要なこと
人から頼られる役割を担ってもらいましょう

ご老人は日常生活でスムーズに行えないことが増えていき、自信を失いがちです。それだけに、自分がしたことで家族や周りの人から喜んでもらったりすると、まだまだ自分は捨てたものではないと感じ、やる気がわいてきます。

自分で役割を見つけられない場合は、周りでお膳立てをしましょう。そして、「ありがとう」「助かったわ」とお礼を言われると、ご老人にはうれしいことと同時に生きがいも感じられるでしょう。

付き合い方のルール⑤

「楽しむ時間を作る」

日常的に外出できる楽しみを持つことが大事
人付き合いは「頭の体操」になるよい習慣です

ご老人は体力に自信がなくなったり、友人が減ったりして外出の機会が少なくなりがちです。また、家に閉じこもっていると、ますます外出がおっくうになります。

定期的に外出できるテニスやゴルフなどの運動系の趣味、俳句やコーラスなどの文化系の趣味など、自分に合った楽しみを見つけましょう。家族以外の知人との趣味を通じたコミュニケーションは、言葉や話題を選ぶので「頭の体操」に最適です。

人生100年時代

親孝行したいときに……
親はいる時代です。
ご老人の困った行動の数々、
それらの理由を理解して
お互いにハッピーな
関係を築きましょう!

第1章

年をとって人が変わった!?
高齢者の困った心理

おしゃべり

話がまわりくどい同じ話を何度もくり返す

話を遮《さえぎ》ると気力を失うので、初めて聞いたような顔をする

知的活動を司る「脳の前頭前野」の機能が衰えている

5分前に聞いた話をまたくり返す、それも話す順序や力の入れどころまで見事に同じだったりするのには感心するばかり。これは脳の前頭前《ぜんとうぜん》野《や》の機能が衰えて、さっき話したことを忘れてしまうからです。

前頭前野は、判断したり計画を立てたりする、知的な働きを司っていて、他の動物に比べて人間は大きく発達しています。ところが高度な働きをする前頭前野は、加齢によって脳のほかの部分よりもいち早く衰え始めます。**60歳を過ぎると、誰でも大なり小なり前頭前野の機能が低下し始めている**と思ったほうがいいでしょう。

一方、話がまわりくどく、最後まで聞かないと何を言いたいのか理解できない場合は、人間関係の狭さが原因。単純な日常会話だけでことたりて、〝会話の訓練〟が不足しているせいで、伝えたいことを頭の中で簡潔にまとめることに慣れていないのです。

老人の気持ち

話を途中で遮られると否定されたようで、話す気がそがれてしまう……。

何度も同じ話をするのは、心に強く思っているから

「その話、100ぺんも聞いたよ……」とついイヤミを言いたくなりますが、それだけは絶対にタブーです。何度も同じ話をするのは、本人がそのことを心の中で強く思っていて、子供や周囲の人に伝えたいからです。

にもかかわらず話を遮られると、本人は自分が否定された、認知症扱いされたと感じてへこんでしまい、話す気力をそがれます。**高齢者にとって何よりもこわいのは、やる気をなくすこと**です。プライドが傷つくと、話すことだけでなく、食欲も落ち、外出する気力も失せるなど、生活全般に影響してきます。

「ああ、またその話か」と思っても、初めて聞いたような顔をしてあいづちを打つ、キーワードをおうむ返しでくり返す、ときにはインタビューでもするつもりで、他の話題をふってみるのもいいかもしれません。高齢者には興味を持って話を聞いてもらっているという満足感を持ってもらいましょう。満足感を持てば同じ話をくり返す必要がなくなります。

お互いがハッピーになる声かけ

NG

「その話、さっき聞いたよ」

「また、おんなじ話だね」

「今忙しいから、あとにして」

POINT

高齢者がくり返す話題はどうしても伝えたいことなので、話を十分聞いてもらった満足感を持てるよう上手なリアクションをとりましょう。

GOOD

「へー、続きは何？　おもしろいね」

「そんな昔のことを覚えているなんてすごい。また教えてね」

ドクターアドバイス

- 話を途中で遮ると自分が否定されたと感じ落ち込んでしまいます。
- 話す気力をそがないために、初めて聞くような顔をして接しましょう。
- 「何度も聞いた」など会話したくなくなる言葉は絶対にタブーです！

怒り

怒りっぽくなり、些細なことで突然キレる

「お茶でも飲もうか」と話題を変えて上手にやりすごす

脳が萎縮して感情にブレーキがかかりにくくなる

昔は穏やかな人だったのに、加齢とともに怒りっぽくなった、あるいは涙もろくなった、ちょっといじわるになったなどというケースも、脳の前頭前野の萎縮が原因の可能性があります。

前頭前野は創造する、感情をコントロールするなどの働きがあるので、**萎縮すると感情にブレーキがかかりにくくなります。**つまり、がまんすることができなくなってしまうのです。

それがあまりにも激しい場合は、認知症の可能性も疑われます。認知症は脳のどの部分が萎縮するかで症状も異なります。

「アルツハイマー型認知症」は記憶を司る海馬《かいば》が萎縮します。かつてピック病と呼ばれた「前頭側頭型認知症」の場合は、あらゆる理性のたがが外れてしまい、人に暴力を振るったり、人前で裸になったりと、周囲が眉をひそめるような行動を平気でとることもあります。

老人の気持ち

最近、腹の立つことが多くて、怒りが抑えられないんだよな。

「老化のなせるわざ」と距離を置いて見守る

意味不明なタイミングで突然キレたり、怒ったりした場合、高齢者を説得するのはまず不可能と思ったほうがいいでしょう。こんなときは決して相手と同じ土俵に立たないことです。「ああ、老化で脳が萎縮しているんだな」と、**〝悟りの境地〟**で接しましょう。そして「年をとるとああなるんだな。次は自分の番かもしれないな」と、自分自身への戒《いまし》めにしてください。

相手が家族であっても同じです。家族だと遠慮がないだけに、つい真正面からぶつかってしまいがちですが、それは最悪です。脳が萎縮すると喧嘩した内容は忘れても、ネガティブな感情のしこりだけは残ってしまいます。何か嫌なことがあったというモヤモヤした気持ちがまた次の火種になって悪循環になりかねません。

「怒りっぽいのは老化のなせるわざなんだから」と距離を置いて客観視してください。そして、「ちょっとお茶でも飲もうか」などとさりげなく話題を変えて、その場を上手にやりすごしましょう。

お互いがハッピーになる声かけ

NG

「何、キレてるのよ！」

「年寄りは横柄なんだから」

「……」（無視）

POINT

老化現象のせいで、今までできていたことができなくなったイラ立ちが、怒りとなって爆発するのです。悟りの境地でやさしく接しましょう。

GOOD

「本当に嫌なことだったんだね」

「お茶でも飲んで、ひと休みしようよ」

「何か手伝うこと、あるかな？」

ドクターアドバイス

- 注意したり、叱ったりして真正面からぶつかってはいけません。
- 「お茶でも飲もうか」などと言って、その場を上手にやりすごしましょう。
- キレる老人を見たら「年のせい」と客観的に考えて距離を置きましょう。

頑固

自分が正しいと言い張って絶対引かない

上手におだてて
こちらのペースに引き込む

プライドの高い高齢者ほど頑固になる

　プライドが高い人、社会的に上の立場にいた人ほど年をとると頑固になる傾向があります。付き合い方のキーワードは「**役者になれ！**」。「さすが〇〇さん、よくご存じですねえ」などとうまくおだててプライドをくすぐってあげましょう。誰だってほめられて悪い気はしません。いい気分にさせておいて、こちらのペースに引き込むのです。そのために役者になってください。

　頑固な老人を説得しようとしても無理な話です。70年も80年も生きてきたのです、今さら性格や考え方を変えられるものではありません。それも、子供扱いして上から目線で説教などしようものなら逆効果。老人は子供扱いされたことに反発し、ますます頑固になります。役者になったつもりで接し、「相手をおだてて、気分よくさせる」ことを心がけてください。

ドクターアドバイス

- 相手をほめて、いい気分にさせ、こちらのペースに引き込みましょう。
- 老人の性格や考え方は変えられないものと思いましょう。

高齢者医療の診察室から

103歳の「スーパーご老人」から学んだこと

100歳以上の長寿者が6万人を超える時代です。90代のご老人は今や珍しくなく、私の患者さんにもおおぜいいらっしゃいますが、そんな中でも強く印象に残っている「スーパーご老人」がいます。

その男性は、私のクリニックに来られたときにはすでに96歳。毎日、朝晩血圧を測ってパソコンに入力したデータを来院時に持って来ていました。地学の研究者で若いころは海外に留学経験もあるというインテリでしたが、96歳という年齢でパソコンを使う意欲があるのが、まず驚きでした。加えて、昔、剣道をしていたそうで、その年になっても毎日素振りを100回行い、エアロバイクを10～20分こいでいると言うのです。「この人は年をとることを忘れてしまっているんじゃないか？」と思うほど、頭も体もしっかりしたご老人でした。

このようなご老人を見ると、私も職業柄「なぜこれほど元気でいられるのだろう」と大いに興味をそそられます。私が思うに、長寿は遺伝的な要素が大きいようです。**95歳を超える年まで元気で長生きしている方は、家系的に長生きの遺伝子を受け継いでいる、いわば「選ばれし者」**なのです。ただし、早合点しないでいただきたいのは、いくら「選ばれし者」であっても、それを生かすか殺すかは、その人の人生の送り方次第だということです。良い生活習慣を身に付け、定期的に医療機関でチェックする、そして自分の体に対するケアを怠らない努力をした人だけがスーパーご老人になれるのです。

その方は１０３歳まで私のクリニックに通われ、98歳の奥様といっしょに老人ホームに入られたのですが、ふたり合わせて２０１歳。奥様のほうはのんびりした楽天家でしたが、性格の違う組み合わせがまたよかったのでしょう。「選ばれし者」の素質を最大限生かしてこられた見本のようなご夫婦でした。

感情

やさしい笑顔と口数が減って、無愛想になった

▼買い物や外食に誘うなどして、日常と違うシチュエーションを作る

「感情の平板化」は、うつ病が原因のこともある

年をとると喜怒哀楽の表現が乏しくなる、**「感情の平板化」**が起きたり、ものごとをネガティブに考えるようになるものです。

その理由としては、体調が悪くてつらい、持病を抱えていて不安だ、人に愛想をふりまくのが面倒だ、などの理由があるのでしょう。

このようなときは外食や買い物など外に連れ出して〝ふだんと違うシチュエーション〟を作りましょう。簡単な方法は、外で日光を浴びながら30分ほどウォーキングすること。これによって幸せホルモンのセロトニンが分泌されます。

ただし、もともと元気で行動的だった人に感情の平板化が見られるときは〝うつ病〟の疑いもあります。老人のうつ病は意外と多いので「食事を食べなくなった」「眠れなくなった」という症状がある場合は、精神神経科の専門医に相談しましょう。

ドクターアドバイス

- 買い物や外食に誘って脳に刺激を与えると幸せホルモンが分泌します。
- 食欲低下や不眠がある場合、うつ病の疑いもあるので専門医に相談を。

だまされる

悪徳商法やオレオレ詐欺にだまされやすい

叱ったり、責めたりしないことが再発予防につながる

ネットワークがなく、忠告してくれる人もいない

詐欺にあって高額なお金を巻き上げられるのは、ほとんどが独居《どっきょ》老人です。簡単にだまされてしまう理由は、人付き合いの横のつながりが希薄なために情報が入ってこないことと、すぐそばに「それ、怪しいんじゃない？」と忠告してくれる家族がいないことです。

そこへ言葉巧みに「近所の方は皆さん購入していますよ」などと言われたら、あっさり信じてしまうのも無理はありません。一人暮らしでさびしいときに、身内以上に親切にされたらなおさらです。

しかし、**詐欺にあったことを責めてしまうと、2度目からは誰にも相談せず隠すようになる**でしょう。一度詐欺にひっかかるとリストが詐欺グループの間に出回り、同じ人が何度もだまされるケースが多いそうです。再発予防のためには叱ったり責めたりしないで、「今度何か買うときは必ず相談してね」と念を押しておきましょう。

ドクターアドバイス

- 詐欺にあっても、再発防止のため叱ったり責めたりしないようにしましょう。
- 「今度何か買うときは必ず相談して」と念を押しておきましょう。

もの忘れ

何度言っても約束したことを忘れてしまう

▼カレンダーとデジタル時計を活用して、もの忘れを予防する

簡単な質問で認知症を見分けられる

認知症かどうかのおおよその見当がつく簡単な方法は、**「最近のニュースで何を覚えていますか？」**と質問することです。

これは岩手医科大学の高橋智先生が考案した簡易テストですが、正常な人なら90％以上が答えられるのに、認知症だとわずか2％、ボーダーラインのＭＣＩ（軽度認知障害）でも30％の人しか答えられません。アルツハイマー病の人は「いやぁ、最近あまりテレビを見てないので……」などと、その場をとりつくろうのが上手です。

一方、「おばあちゃん、何度も言ったのにまた忘れたの？」という場合、よくあるのは最初からまともに話を聞いていないケースです。家族が念を押したつもりでも、本人にとって興味がなければ右から左へと聞き流されてしまいます。こういう人は、クリニックで認知症のテストを受けると、記憶力は全く正常だったりします。

老人の気持ち

「約束、また忘れたの！」と、いつもうるさいわねえ。たいしたことないじゃない。

印象に残るような伝え方を工夫してみる

ふだんの生活で忘れて困ることといえばまず「薬」でしょう。お年寄りは薬をどこかにしまい忘れたり、飲み忘れたり、飲んだかどうかもさだかでなくなったりするものです。そこで私のおすすめは「**カレンダー活用法**」。

書き込みスペースのある大きめのカレンダーを用意して、すべてのスケジュールと情報を書き込み、薬も1週間分くらいをテープで貼り付けます。それをダイニングルームなどのよく目につくところに吊るせば一目瞭然。さらに、カレンダーの下に日付が表示されるデジタル時計を置いておけば、今日が何月何日何曜日かもひと目でわかり、「今日何するんだっけ?」という質問のくり返しも減ります。

また、そもそも初めから話を聞いていない人に対しては、伝え方にも工夫が必要です。口で言ってもダメなら紙に書いて、カレンダーに貼りましょう。その場合も、メモ用紙の色を変えたり、貼る場所を変えたりと、印象に残るように変化をつければ「あ、これは覚えておかないといけないんだな」と気づいてくれます。

お互いがハッピーになる声かけ

NG

「また忘れたの？」

「引き出しに入っているはずよ」

「しっかりしてちょうだい」

POINT

本人にとって興味のないことは右から左に聞き流して忘れてしまいがちです。大切なことは聞き流されないように伝え方を工夫しましょう。

GOOD

「大事なことはカレンダーに書いてね」

「もの忘れは仕方ないよね。わからなくなったらカレンダーを見てね」

ドクターアドバイス

- もの忘れは加齢による老化現象。日常生活に支障があれば危険なもの忘れ。
- 「認知症かも」と思ったら、「最近のニュース」について質問してみましょう。
- 最初から話を聞いていない人には、目先を変えて伝える工夫をしましょう。

若づくり

見た目も気持ちも実年齢より若いと思い込んでいる

若づくりは長寿の秘訣。前向きな勘違いを応援しよう

自己認識が若いほうが元気でいられる

若づくりをしたり若ぶったりしている高齢者、しかもそれが自分の親だったりすると、「いい年して、勘違いも甚《はなは》だしい……」と苦々しく思うかもしれません。でも本人にはそもそも若ぶっているという意識はないのです。私のクリニックでも「デイサービスなんて、あんな年寄りばかりのところに行けるか！」という人が85歳だったりします。

家族から見ればとんでもない勘違いかもしれませんが、私の印象では、このくらい勘違いしている人のほうが生き生きと老後を楽しんでいます。人はいくつになっても「自分は若い」と思っているほうが、守りに入らずいろんなチャレンジができます。**若いと思うからこそ前向きに生きる意欲もわいてきます**。「どうせ年寄りなんだから……」と老け込むより、大いに勘違いしたほうがいいのです。

ドクターアドバイス

- 若いと自覚すると精神的にも若返り、生きる意欲がわいてきます。
- 「10歳は若く見えるよ！」と声をかけて、その気にさせましょう。

親世代よりも、子世代のほうが老化を心配？

老化に関する意識調査 200人アンケート

私のクリニックには親子で来院されるケースが多いです。
そこで、親世代（平均年齢78.0歳）と子世代（平均年齢53.3歳）に、
お互いのコミュニケーションについてのアンケートを実施しました。
※親世代100名（男46名、女54名）と、子世代100名（男30名、女70名）にアンケートを実施

Q1 何歳からが老人だと思う？

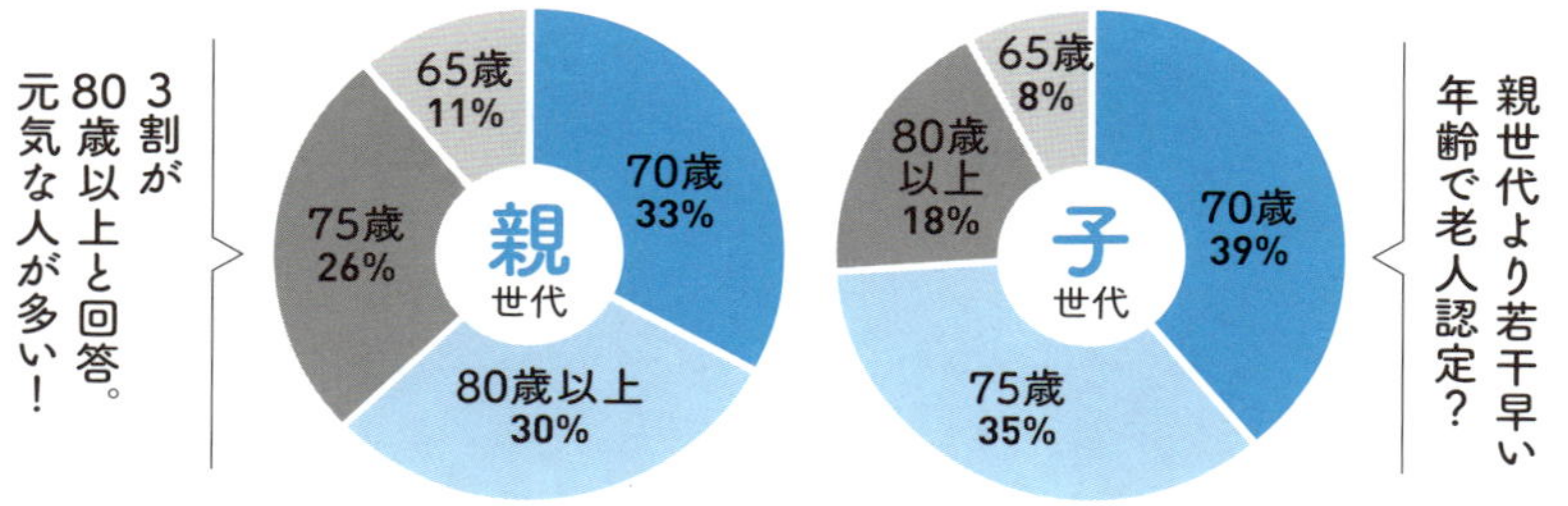

65歳から前期高齢者の仲間入りをするのですが、まだまだ現役世代。
老人の定義が揺らぎ始めていますが、子世代は親を早めに老人と思うようです。

Q2 親は今の生活に満足している？

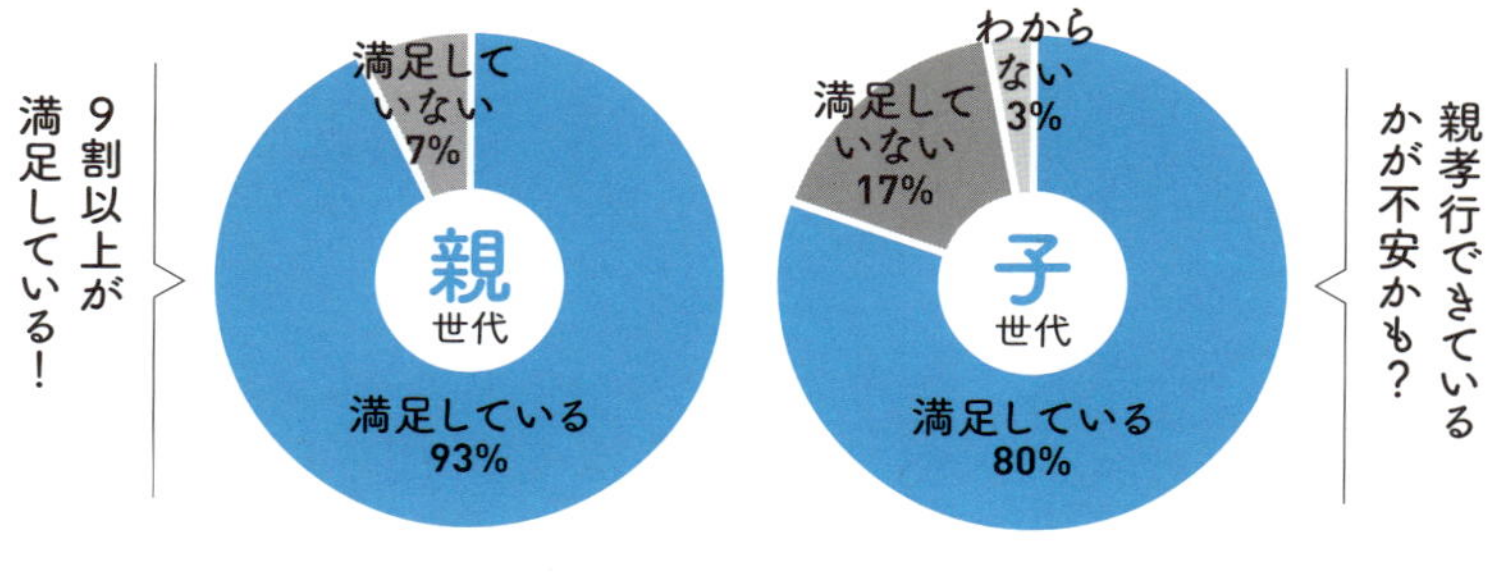

アンケートに協力していただいた100組の親子のうち約６割が別居のため、
子世代は親が不満を抱いているのでは…と心配しているのかもしれません。

Q3 親子のコミュニケーションで問題点や悩みはある？

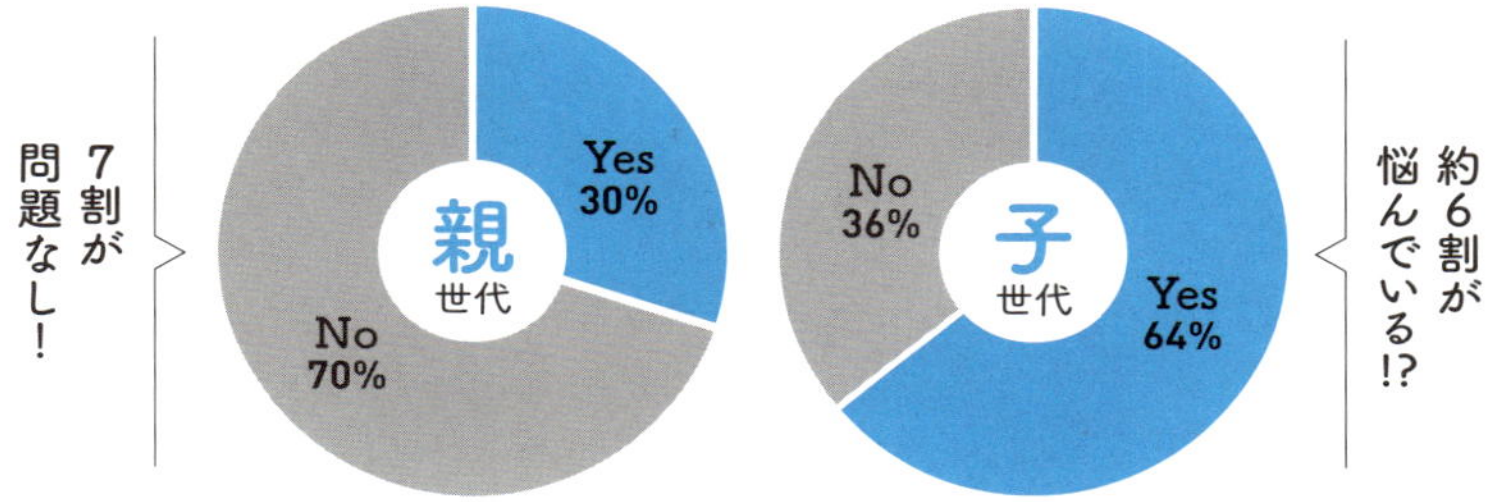

子世代の悩み第1位は、「仕事が忙しくあまり会いにいけない…」。
最近、「人の話を聞かない」「怒りっぽい」と老親に辟易している面も…。

Q4 親が年をとって気になる点や心配事はある？

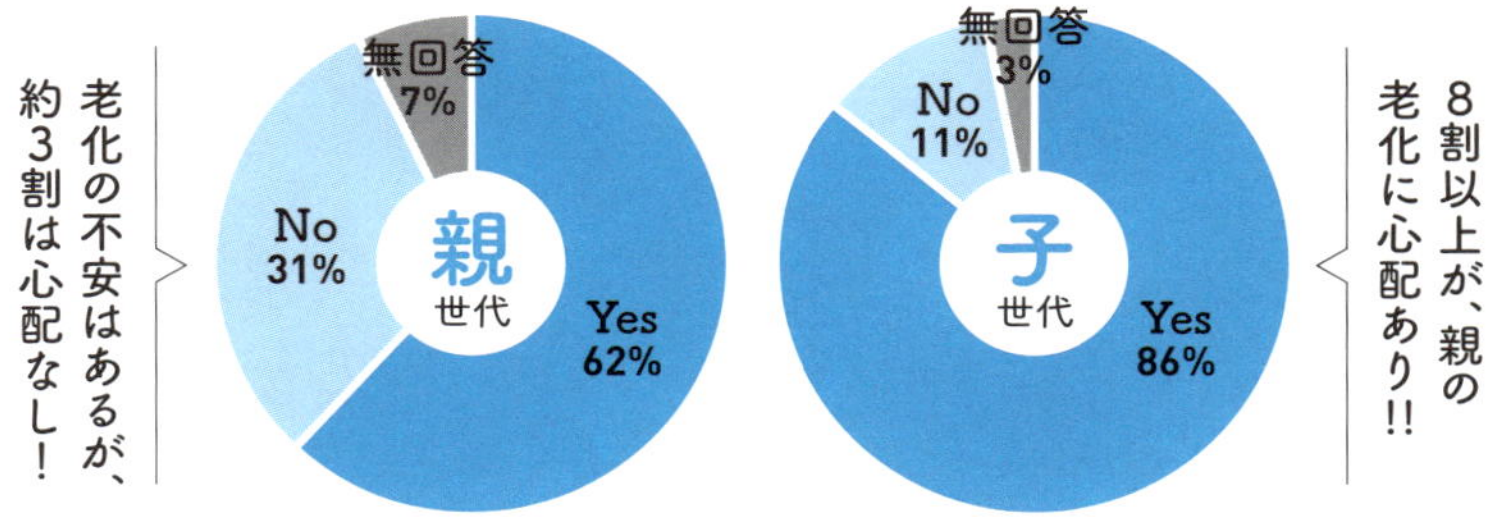

親世代の多くは「家事がヘタになった」「外出したくなくなった」と回答、子世代は「もの忘れが多くなった」「モノを溜め込むようになった」ことを心配しています。

アンケート結果から、親世代は自身の老化に伴う衰えをさほど問題視していない半面、子世代は親の老化に対する評価がシビアな姿が読み取れます。頼もしかった親が年老いていく姿に不安と寂しさを感じてしまうのでしょう。老化のしくみを知ることで、漠然とした不安が解消され、お互いに満足度の高い日常生活が送れるようになると思います。

ひがみ

「どうせ私なんか…」が口癖になるほどひがみっぽい

▼

手を握る、背中をさするなどスキンシップをはかる

「もっと私を大事にして！」という心の叫び

ひがみっぽいのはさびしさの裏返しであることが多いのです。「私みたいな年寄りは誰も相手にしてくれないのね。もっと私を大事にしてちょうだい！」という心の叫びなのです。このような高齢者には**スキンシップが効果絶大**。日本は西洋のような抱き合うハグの習慣がないので、話しかけるときに手を握ったり、背中をさすったりしてあげましょう。ちょっと肩に手をかけるだけでも「自分が大事に扱われている」と感じて表情がパッと明るくなります。

近年、スウェーデン発祥のタッチケア「タクティール®ケア」が注目され、スキンシップの効果が見直されています。たとえば、アルツハイマー病の患者さんに使う貼り薬がありますが、薬効そのものだけでなく、体に貼ってあげるという行為がスキンシップとなってプラスアルファの効果をもたらすのではないかと言われています。

ドクターアドバイス

- 「大事にしてほしい！」という心の叫びを受け止めましょう。
- 手を握ったり、肩に手をかけたりするだけで表情が明るくなります。

自己チュー

人の話を聞かず若い頃の自慢話ばかりする

新鮮な話題を提供できるよう世界を広げる

新しい話題がないので、過去の栄光にすがる

みんなで雑談しているのに自分一人でしゃべって、しかも自慢話ばかり……。周りが辟易《へきえき》してしまうのはよくあるケースです。

しかし、考えてみれば、若い人のインスタグラムなどでも「こんなおいしいもの食べちゃった！」「見て見て！ うちのペットかわいいでしょ？」と自慢話のオンパレードですから、老いも若きも、人間は本能的に自慢したい生き物であるのは事実のようです。

問題なのは、定年を迎えた男性が現役時代の肩書きなど、過去の栄光をひけらかすことです。そうしていないと**不安で自分の存在価値を見出せない**のでしょう。

このように昔話ばかりする人は単に自動リピートシステムが働いているだけで、頭の神経回路を使っていません。新しい話題もないので、聞かされるほうはなおさらウンザリしてしまうのです。

老人の気持ち

長年の仕事で培ったスキルや体験を若い人たちにもっともっと伝えたい。

フレッシュな自慢話ができるよう世界を広げよう

自慢話をするなら、過去の栄光ではなく現在のフレッシュな話題にしましょう。私の患者さんにも、家業を引退して日本画を始めたら、いきなり大きな美術展で賞を取った方がいらっしゃいます。絵葉書をいただきましたが、「これが素人？」と驚くほど見事な絵でした。こんな自慢話ならみんな耳を傾けてくれるでしょう。

フレッシュな話題を提供するためには、世界を広げて、自分が興味を持てるものを見つけること。たとえば、今、男女を問わず人気がある写真撮影。デジカメのテクニックを使えば、初心者でもプロ並みの写真が撮れるし、インスタグラムにアップすれば張り合いも出ます。

何か趣味を持つことをすすめても面倒くさがって腰の重い親をその気にさせるには、家族が「楽しそうだから一緒に行ってみない？」と誘うのも一つのテクニック。自分から腰を上げるのはおっくうでも、気がねのない家族に誘ってもらうと行きやすいものです。

お互いがハッピーになる声かけ

NG

「はい、はいわかりましたよ」

「自慢話ばかりすると嫌われるよ」

「年寄りって自慢話ばっかり！」

POINT

情報発信したがる気持ちを受け入れ、お年寄りの価値を低める言葉は控えましょう。親子で共通の趣味を持ち、話題を作るのも方法です。

GOOD

「話してくれてありがとう」

「○○さんもすごいねとほめてたよ」

「他の人にも話を聞かせてあげよう」

ドクターアドバイス

- ご老人の自慢話は情報発信したいという意欲の現れです。
- 家庭という狭い世界に閉じこもらず、人間関係を広げることが大事です。
- 腰の重いご老人には、家族が「一緒に行こう」と誘ってあげましょう。

高齢者医療の診察室から

笑いのある生活が認知症の進行を食い止める！

私のクリニックには、月に約１６００人の方が来院されますが、約７割が認知症の患者さんです。認知症は進行性の病気ですが、それらの患者さんを見ていると経過はさまざまです。進行が早く、あれよあれよという間に夫や子供の顔もわからなくなって寝たきりになる人もいれば、非常に進行がゆるやかで、何年たってもほとんど生活に変化がない人もいます。その違いはいったい何か？

根底には脳の病変の強さの違いがもちろんありますが、ご本人を支える**家族の対応も、病気の進行に大きく関係している**と感じます。

進行がゆるやかな人のご家族は、総じて認知症の夫や親に対して必要以上に深刻にならず、寛容なところがあります。認知症の人がいると家族はふり回されて、イライラさせられることは日常茶飯事です。そんなとき「病気のなせるわざなんだからしょうがない」と笑ってすませられる、また、親が何か不都合なことをしでかしても、それを笑いに変えられるセンスが家族にあれば、ご本人も安心して笑顔になり、それが病気の進行を遅らせるのでしょう。

認知症になると記憶力や判断力はなくなりますが、人間本来の感情まで失ってロボットになるわけではありません。アルツハイマー病でまともな会話が成り立たなくなったおばあちゃんでも、食事の介助をしてあげたり、何か手伝ってあげたりすると「ありがとう」と感謝の言葉が返ってきてハッとさせられることがあります。つまり、**人間としての熱い喜怒哀楽の感情は、たとえ認知症になってもちゃんと残っているのです**。家族が笑顔でいれば自分に対して好意的であると察するし、自分も一緒になって笑えればもう最高！　笑いが体の免疫力を高めるという研究報告は多数あり、認知症も予防するといわれています。深刻なことも笑い飛ばせるようになりたいものです。

マナー違反

行列に割り込むなど公共のマナーを守ろうとしない

まちがいを指摘せず、少し落ち着いてから説得する

他人への配慮は脳の高等な働きによるもの

電車で人を押しのけて強引に座ろうとする、コンビニで列に割り込むなど、マナーを守らない高齢者を見かけます。これは周りの状況が見えていないのが原因です。子供と同じで「こうしたい！」と思ったらそのことで頭がいっぱいになり、人のことなど目に入らなくなるのです。

周囲の状況を見て判断を下して行動したり、また、他人に配慮するのは、人間の脳の中でも高等な働きを司る前頭葉の役割ですから、**礼儀知らずの人は脳の働きがかなり衰えてきている**はずです。怒りモードにスイッチが入っているときにまちがいを指摘したり注意したりすると、怒りがエスカレートします。「この人、高齢で脳の働きが低下しているのだな」と客観的に考えて、その場からそっと距離を置くこと。説得するなら、少し落ち着いてからにしましょう。

ドクターアドバイス

- 加齢で前頭葉の働きが衰えると、周囲の状況判断ができなくなります。
- 間違いを指摘したり、注意したりせず、その場から距離を置いて落ち着くのを待ちましょう。

性欲

いい年をしてエッチな雑誌やDVDが大好き

▼脳を刺激していると考え、見て見ぬふりをする

恋をしたい、セックスをしたい気持ちは老人にもある

若い人からすれば60代、70代の人たちは「もう枯れた世代」に見えるかもしれませんが、人生１００年時代に、30年も40年も枯れたまま生きろというのは酷な話です。日本性科学会が２０１２年に行った調査によると、60代男性の76%、70代男性の75%が「性的な欲求がある」と答えています。私の患者さんの中にも、定期的にバイアグラを処方している元気な70代の方がいます。

セックスで**快感を得ると、脳から神経伝達物質のドーパミンが分泌され、これが脳の働きをよくしてくれます**。親がエッチな雑誌やアダルトビデオを見ていても、脳を刺激して元気になるのだなと思って、見て見ぬふりをしましょう。ただ、ネットのアダルトサイトを見て詐欺に引っかかり、高額な料金を支払う老人がここ数年急増しているそうですから、その点は注意が必要です。

ドクターアドバイス

- 快感を得ると神経伝達物質のドーパミンが分泌されて脳力アップに。
- スキンシップや精神的なときめきでもドーパミンは分泌されます。

高齢者医療の診察室から

快感を得るとドーパミンが分泌されて脳の働きをよくする

高齢者の性は個人差が大きいのでいちがいには言えませんが、男性はまだまだ性欲があるという人が多いです。それに対して女性は、閉経後、女性ホルモンの分泌が減って性欲が衰え、膣の分泌液も減って性交時に痛みを伴うため「セックスはもう卒業」という人が増えてきます。

ただ、これはあくまでも一般論であり、夫やパートナーとの性生活が続いている女性は、年をとっても膣の潤いや弾力性は失われません。

「いい年をしてセックスなんて」と若い人は眉をひそめるかもしれませんが、それは何もわかっていない証拠。セックスで快感を得ると、脳から神経伝達物質のドーパミンが分泌され、これが脳の働きをよくしてくれるのです。

ではセックスしないとドーパミンは分泌されないのかというと、そうではありません。高齢になると、セックスそのものよりも、キスしたり、手をつないで添い寝したり、お互いの体をさすり合ったりする〝スキンシップ〟があれば十分満足という人も多いようです。

もちろんスキンシップでいい気持ちになればドーパミンは分泌されます。恋をして胸がときめいたときもドーパミンは分泌されます。ですから、**年をとっても恋をしたりセックスしたりすることはとても大事なこと**なのです。

さらに、年をとると伴侶《はんりょ》を亡くす人が増えてきますが、その後、新たな出会いに恵まれて結婚に至るケースもあります。高齢者の再婚も子供にとっては抵抗があるかもしれませんが、現代の長寿社会では残りの人生を幸せに生きるためにさまざまな選択肢が必要です。親の気持ちを尊重しましょう。

親子200人アンケート

親から言われてうれしかったことは何ですか？

私が何かをしてあげると必ずお礼を言ってくれる。おかずやお菓子を作って持っていくと「おいしい、おいしい」と食べてくれる。（58歳女性、母85歳）

常に私のことを心配してくれて、親だな～と思いながらもうれしくなる。私の子供たちを大好きでいてくれる。（45歳女性、父75歳・母69歳）

電話をするだけで、「声を聞くと元気になる」と言われる。（52歳女性、父80歳・母79歳）

私のことをいつもほめてくれ、何でも相談にのってくれる両親。これからも一緒に外出などを楽しんで、いつまでも仲よくしていきたい。（39歳男性、父72歳・母61歳）

「あなたがそばにいてくれて、本当によかった。助かったわ」と言われたこと。（51歳女性、父77歳・母72歳）

榎本内科クリニックで実施した『親世代・子世代200人アンケート』のフリーコメント回答から抜粋し、紹介しています。

第2章

なんでそうなるの⁉

高齢者の困った行動

不潔

大好きだったお風呂に入りたがらない

▼体力、気力のある日中に入浴することを習慣化する

夕方以降は気力が低下して入浴がおっくうになる

お風呂をいやがるようになるいちばん大きな理由は、年をとると夕方以降は倦怠感で体力、気力が低下するからです。若い人には何でもないことですが、**お風呂に入るにはかなりのエネルギーが必要**です。

特に、夕ごはんを食べてまったりしているときなどに「お風呂に入ってね」と言われても、ご老人にはもうその気力がないのです。「お風呂に入るより横になりたい」というのが正直な気持ちでしょう。

また、浴槽が深くて、またいで入るのがこわかったり、冬場など脱衣所や浴室が寒かったりすると、なおさら入浴がおっくうになるもの。特に、アルツハイマー病の人はとりつくろうのがうまいので、「あら、きのう入ったわよ」ととぼけてみたり、「今日は風邪ぎみだからやめておくわ」「明日必ず入るから」などとその場しのぎの言いわけをしたりして拒むのです。

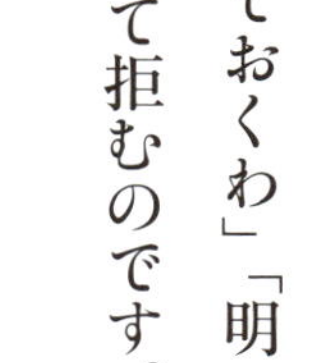

老人の気持ち

お風呂は、疲れるから入りたくない。汗もかいていないし明日入ればいいでしょう。

入浴は朝の着替えや外出からの帰宅時とセットに

高齢者は運動や外出が少ないのでお風呂は週1～2回でいいと考えがちですが、皮膚の清潔を保つことは老人特有の皮膚病や感染症の予防に重要です。そのため、**週に3回くらいの入浴を習慣に**しましょう。

夜の入浴を嫌がるなら、朝起きて着替えるついでにすすめてみましょう。日中なら体力も気力もあるので、夜ほどおっくうに思わないはずです。一度目がダメでも、少し時間をおいて再度誘ってみるとスンナリいくこともあります。また、外出から戻ったら必ずひと風呂浴びるなど、何かとセットにするのも一つの手です。そして、ときにはヘルパーさんから「お風呂に入ってさっぱりしましょう」と声をかけてもらうと、家族にはわがままを言う高齢者も、素直に入ってくれたりします。

デイサービスを利用するようになって、入浴拒否が解決したケースも多いです。介護施設なら暖房も行き届いているし、浴槽が自動で上下したりするところもあるので高齢者は安心して入浴できます。

お互いがハッピーになる声かけ

NG

「早くお風呂に入ってよ！」

「今日こそ入ってもらわないと困る」

「なんだか臭うよ」

POINT

お出かけや人と会うことが、お風呂に入る動機づけになることもあります。本人が前向きな気持ちになれる声かけを心がけましょう。

GOOD

「さっぱりして気持ちいいよ～」

「温泉に来たつもりで昼間からお風呂に入っちゃおうか」

ドクターアドバイス

- 皮膚病や感染症予防のために、週3回の入浴を習慣にしましょう。
- 気力がある日中に、着替えや外出後などとセットで入浴する工夫を。
- ヘルパーさんにすすめてもらったり、デイサービスで入浴するのも方法です。

介護施設

「幼稚園みたい」とデイサービスに行きたがらない

▼見学や体験を通じて楽しさをアピールする

生活リズムを整えるためにデイサービスはおすすめ

高齢者を介護する家族にとって、デイサービスは本当にありがたい存在ですが、最初に本人を説得するまでがひと苦労です。家族がすすめても頑として拒んだり、「あんな幼稚園みたいなところへ行けるか」と、まるで耳を貸さなかったり……。要するに先入観に凝り固まっている人が多いのです。

しかし、デイサービスは、入浴、昼食、おやつ、レクリエーションなどが組み込まれていて、生活リズムを整えてくれるという点では非常に有効です。また、出かけるからには身だしなみもそれなりに整えなければなりません。特に、外出する回数や機会が少ない人、昼寝が長く夜眠れない人、入浴を嫌がる人などは、**週に3日くらいデイサービスに通うことで、生活リズムがリセット**されます。若いスタッフとの会話で脳が刺激されると、気力の回復効果も期待できるでしょう。

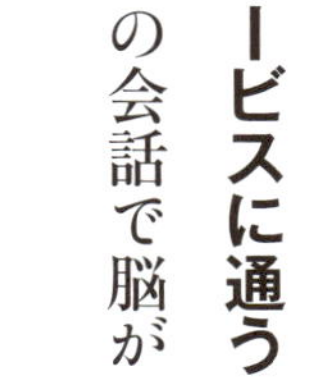

老人の気持ち

折り紙やお絵描きするところでしょ。そんな幼稚園みたいなところへ行きたくない！

3〜4か所回って、サービス内容を比較検討する

先入観だけで嫌がっている人を、「行ってみようかな」という気にさせるには、実際に見学や体験をしてもらうのがいちばんです。最近のデイサービスは施設によってそれぞれ独自のサービスを打ち出しています。比較的元気な人を対象にしている施設や認知症の人を受け入れている施設。また、カルチャーセンターのように趣味の講座が充実していたり、料理教室をメインにしている施設などもあります。ケアマネジャーさんから各施設の特徴を聞いて、これと思ったところを、1か所ではなく必ず3〜4か所回ってくらべてみましょう。

家族が言っても聞く耳を持たないときは、ケアマネジャーさんや、実際に親をデイサービスに通わせている友人などから「あなたの好きな書道や手芸ができるし、趣味仲間もできるわよ」「うちの母も最初は嫌がったけど、行き始めたらとても楽しいって言ってるわよ」と具体的なエピソードを交えて、楽しさをアピールしてもらうと案外うまくいきます。

お互いがハッピーになる声かけ

NG

「行ってくれないと家族が困るの」

「我慢してでも行ってね」

「家に1人でいられると心配なの」

POINT

叱ったり、泣き落としをすると余計に頑なになってしまいます。一緒に行きたいほど楽しい場所であることや、体験者の声などを伝えましょう。

GOOD

「頭も体も健康になって、友達できるからいいことづくめだよ」

「○○さんも楽しいって言ってたよ」

ドクターアドバイス

- デイサービスのサービス内容が豊富になっていることを知りましょう。
- 言葉で説得するよりも見学や体験をしてもらうのが効果的です。
- 見学は1か所だけでなく、3～4か所回って比較しましょう。

高齢者医療の診察室から

趣味は〝運動系〟と〝文化系〟の2パターンを持とう

私の患者さんの中には80代でもいきいきしている方が多く、そういう方たちに共通しているのは生活を楽しんでいるという点です。具体的に言うと「自分が楽しめて、長く継続できる趣味を持っている」という方がとても多いのです。

老後に楽しめることがあるかないかで、年をとってからの生活の質が大きく変わってくるものだなあ、私も今のうちから夢中になれる趣味を作っておかなければいけないなと、改めて実感しています。

趣味を持つなら〝運動系〟と〝文化系〟の両方を持つことをおすすめします。**運動系の趣味**は、筋肉の衰えを食い止めて、要介護状態になるのを防いでくれるという点で非常におすすめです。水泳、ゴルフ、テニス、社交ダンスなどは高齢者にも人気のスポーツです。特に、ダンスはけっこうな有酸素運動になる上に、ステップを踏むときに頭を使いますし、異性との交流もあり、認知症予防に大いに効果があるといわれています。このようなスポーツで汗を流したあと、仲間とお茶を飲みながら会話が弾むようなら、頭もリフレッシュしてさらに効果的でしょう。もちろん、大勢で何かをやるなんて煩わしいという人は、一人で散歩するのでもかまいません。「私は文化系だから運動は苦手」という人も、年をとったらとにかく体を動かす習慣を何か身につけましょう。

一方、**文化系の趣味**は、コーラスやカラオケ、ピアノ、俳句、囲碁、将棋、麻雀、書道、絵画など、若いときからの延長で続けられるものがたくさんあります。このような趣味で頭を使えば認知症予防になり、運動と違って季節や天候に関係なくできるのが利点です。

高齢になってから「さあ何か始めよう」と思ってもなかなか難しいもの。できれば40〜60歳ぐらいまでに老後も続けられる趣味を作っておくのが理想です。

外出

「疲れてるから…」と理由をつけて外出したがらない

▼気分転換や運動になるので近所のスーパーマーケットに誘おう

足腰の痛みの他、トイレの不安を抱えている人が多い

外出好きだった人が出かけなくなるのは、年をとって気力・体力がなくなる上に、膝や足腰が痛くなって、出歩くのがつらくなるのが大きな原因でしょう。外出しなくなると運動不足でますます筋力が低下し、気分転換もできないので意欲も低下します。

屋外に出るのがおっくうであれば、**近所のスーパーマーケットや郊外型のショッピングモールがおすすめ**です。凹凸のない床は歩きやすく、転倒の心配もありません。売り場に並ぶ果物や野菜で季節の移り変わりを感じれば脳が刺激されますし、献立を考えながら買い物をすることで頭の体操になります。家族や周りの人が誘うとより外出への動機づけになるでしょう。また、外出したがらない理由として、尿もれなどトイレの不安も大きいようです。店舗であればトイレの場所も確認できるので、その点についても安心な外出先です。

ドクターアドバイス

- スーパーマーケットは、体にも脳にも安全で最適な外出先です。
- トイレの場所が確認できれば、高齢者は安心して外出できます。

身だしなみ

おしゃれだったのに身だしなみに無頓着になった

季節の洋服をプレゼントして「似合う、素敵!」とほめる

身だしなみでメンタルコンディションがわかる

私は、患者さんと対面したとき、女性ならお化粧をしているか、男性ならひげを剃っているかをまず見ることにしています。気力が落ちていないかなど、身だしなみでその方のメンタルコンディションがわかるからです。**身だしなみがきちんとしている人は明るく、何ごとにも前向きなので90歳になっても元気な方が多いです。**

一方で、身だしなみを整えると体力や気力が回復するケースもあります。たかがおしゃれ、されどおしゃれです。

「今さらおしゃれしてもしょうがない」と言う高齢者には、身ぎれいにしたくなるきっかけを作りましょう。「これ、着てみてね」と季節の洋服をプレゼントしたり、美容院に連れて行ってあげたり。デイサービスでも化粧やネイル教室が大人気だそうです。身だしなみを整えたあと、周りの人が「素敵ですよ」とほめると表情がパッと明るくなります。

ドクターアドバイス

- 身だしなみがきちんとしている人は明るく、何ごとにも前向きです。
- 季節の洋服をプレゼントして、おしゃれをするきっかけを作りましょう。

しまい忘れ

「どこだっけ？」と財布やカギ、メガネを探してばかり…

▼モノのしまい場所を決めて、メモする習慣をつける

認知症でなくてもしまい忘れは起きる

加齢によるもの忘れは誰にでも起こる老化現象です。60歳を過ぎると、財布やカギ、携帯電話などをひょいとどこかに置いて、見つからなくてイライラすることは誰しも経験済みでしょう。もっと高齢になると、貯金通帳や保険証などの大切なモノをどこにしまったかを思い出せず、一日中探しモノをしている方が増えてきます。

置き忘れ・しまい忘れは、ひとことで言えば脳の老化が原因で、情報を一時的に保管する**短期記憶**、本格的に記憶する**長期記憶**ともに低下してきた証拠です。しかし、脳はトレーニングにより、記憶を司る海馬の神経細胞が増えるし、細胞同士をつなぐネットワークも強固になることが研究で明らかになっているので、初期のうちなら脳トレや運動などで記憶力の低下を抑えることができます。とはいえ、まずは今すぐできる「しまい忘れ対策」をとりましょう。

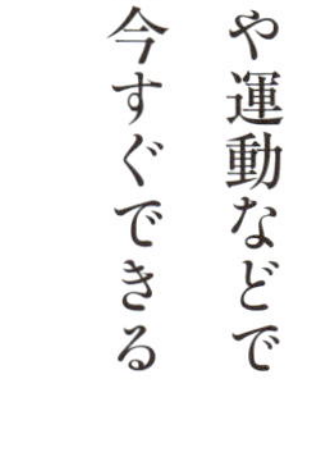

老人の気持ち

あれ、どうして見つからないの!?
探しモノばかりしている自分が嫌になる。

しまい場所を書いたメモを決まった所に保管する

財布やカギ、携帯電話、時計、メガネなどつい置き忘れてしまいがちなモノは、場所を決めておいて、無意識のうちにそこに置けるくらい習慣づけること。

また、お年寄りを見ていると、外出の前日からバッグの中のモノを入れたり出したりして、仕分けにとても時間がかかっています。それだけ一生懸命仕分けをしても、必要なモノを忘れたり失くしたりすると、外出することが嫌になってしまうようです。その対策としては、バッグは1つではなく3つぐらい用意して、買い物で外出するときはこのバッグ、病院へ行くときはこのバッグと目的別に決めて、それぞれに必要なものをあらかじめ入れておくのがおすすめです。

通帳や保険証、印鑑などの大事なモノは、置き場所を変えたときに思い出せなくなることが多いので、必ず置き場所をメモして、そのメモを保管する引き出しも決めておくこと。親が認知症になって家族が保管するようになった場合は、家族の誰が預かっているかを書いたメモも、その引き出しに入れておきましょう。

お互いがハッピーになる声かけ

NG

「今度は何を失くしたの!?」

「決まった場所にしまってよ」

「探してばっかり、ちゃんとしてよ」

POINT

探しモノが見つからないと誰でも落ち込むものです。否定されるとネガティブな気分になってしまうので、共感する声かけを心がけましょう。

GOOD

「私も同じ、探しモノばっかりよ」

「置き場所をメモしておこうね」

「忘れたら私に聞いてね。覚えておくよ」

ドクターアドバイス

- どこにしまったか思い出せないのは、記憶力の低下が原因です。
- しまい忘れは年をとれば誰にも起こる老化現象です。
- 置き場所を明記したメモは、いつも決まった場所に保管しましょう。

通信

プレゼントしたのにスマホやパソコンを使ってくれない…

脳の機能が保たれるネットゲームをすすめよう

使いたい動機や目的がなければ興味は持てない

スマホやパソコンは、高齢者にとっては設定や操作が難しくてハードルが高いのはよくわかります。が、それ以前に、使いたい動機がなければ興味もわかないでしょう。若い人と同じように使いこなしているお年寄りにお話を伺うと、車を手放して買い物が不便になったのでネットスーパーを利用したかったとか、海外にいる孫とスカイプで話したいとか、遠くに住んでいる娘とラインをしたいなど、みなさん、必要に迫られたり、強い動機があって始めています。

私のおすすめは**ネットゲーム**です。若者や子供には問題視されるゲームですが、高齢者が行うと、脳の神経回路を活発に働かせて記憶力や認知能力が高まるという研究結果があります。たとえば囲碁や将棋ゲームをすすめてみてもいいでしょう。高齢者にはスマホより画面が大きくて使いやすいタブレットがよいと思います。

ドクターアドバイス

- 便利さや楽しさをアピールして、初期設定などをしてあげましょう。
- 高齢者がネットゲームをすると脳の神経回路が活発に働きます。

高齢者医療の診察室から

早期発見と対応しだいで認知症も怖くない！

年をとっても認知症にだけはなりたくないという声をよく聞きます。確かに認知症は現代医療では治すことは難しいですが、早く見つけて正しい治療を始めれば、急激に進行することもなく、それほど恐れる病気ではありません。

私が診た患者さんで進行を抑えられた実例を紹介しましょう。

▼**70代男性のAさん**は、迷子になって警察の保護を受けることもたびたびで、東京都調布市から埼玉県草加市まで約35キロもの距離をひと晩かけて歩いたこともある健脚《けんきゃく》の方でした。ご家族が困って相談にみえたのですが、症状と頭部画像所見からすぐにアルツハイマー型認知症と診断がつきました。

アルツハイマー型認知症の治療薬は4種類ありますが、私はAさんのように活発に行動するタイプに効果の高い薬を選び、同時に精神安定剤も処方しました。その結果、症状がすっかり落ち着いて出歩くこともなくなりました。あれから7年経ち、Aさんは今も私のクリニックに通っていますが、病気の進行は抑えられ、最初のときと同じように簡単な挨拶と返答はできています。

▼**80代女性のBさん**は、もの忘れがやや目立つものの家事は今まで通りできていて、日常生活に大きな支障はきたしていませんでした。念のために検査をしたところ、脳機能を評価する脳血流シンチグラムという精密検査でごく初期のアルツハイマー型認知症であることがわかりました。

Bさんはサークル仲間とバドミントンを楽しむほどの元気な方。うっかりすると「年相応のもの忘れ」と見過ごされてしまうところでしたが、早く発見して治療を開始したために、5年たった今でも、家事をこなし、バドミントンを楽しむという以前と変わらぬ生活を続けています。

このように認知症は決して怖い病気ではないのです。

介護者

ヘルパーさんなど、他人の手を借りたがらない

家族だけに頼らないようケアマネジャーに説明してもらう

他人が家に入ってくる環境を早めにつくっておく

ヘルパーさんにお世話になるためには、自宅に招き入れなければなりません。しかし、お年寄りは、ヘルパーさんのことをお客様扱いして、「家の中が散らかっているのを見られるのは嫌」「お茶菓子を用意しなくては」と身構えてしまいがちです。そもそも**ヘルパーさんがどんな存在か、理解できていない**のかもしれません。だからかたくなに「他人より家族に世話してほしい」と身内頼みになるのです。

デイサービスをすすめることと同じで、ケアマネジャーさんなどの第三者に説明してもらうほうが効果的です。家族は知人を家に招くなどして、他人が家に入ってくる環境を少しずつつくっておくとよいでしょう。子世代の人は、介護施設にボランティアに行って現場を見ておけば、親も説得しやすいですし自分が介護を受ける身になったときにどうしたいか具体的にイメージできるでしょう。

ドクターアドバイス

▶ ケアマネジャーさんからヘルパーさんの仕事を説明してもらいましょう。

▶ デイサービスをすすめるときも第三者から説明してもらいましょう。

お金

お金やモノを隠して、見つけられずに「盗まれた」と疑う

「一緒に探そう」と言って味方であることを印象づける

老後の不安からお金への執着が強まる心理の現れ

老後の不安のために、年を重ねると誰でもお金への執着心が強まるようです。その現れが「**もの盗られ妄想**」でしょう。アルツハイマー病の患者さんに見られる問題行動の代表的なものですが、認知症の相談で私のクリニックに来られた人に問診をしても、この「もの盗られ妄想」が非常に多いのに驚きます。

お金を隠すのは、「これは大切なものだから、盗まれないように、誰にも見つからない場所にしまっておこう」というお年寄りの心理です。そこでいつもと違う場所に隠すのですが、肝心の隠し場所を忘れてしまって、「見つからないのは誰かが盗んだに違いない！」と人のせいにしてしまうのです。もの盗られ妄想が出てきて、初めて家族もおかしいと気づくことが多いのですが、本人は自分は正常と思っているので、この段階で「もの忘れ外来」を受診させるのは難しいでしょう。

老人の気持ち

大切にしまっておいたお金がなくなった。
家族の誰かが盗ったにちがいない！

もの盗られ妄想は一時的なもので、気力がある証拠

「誰かが盗んだ！」とヒートアップしているときに、「誰も盗んでなんかいないよ。しまった場所をまた忘れたんでしょ」と言いがちですが、理詰めで否定すると、自分の考えを受け入れてもらえないと感じて心を閉ざしてしまいます。それよりも「困ったね。一緒に探そう」と言って「あなたの味方ですよ」ということを印象づけるのが賢い対応法です。

こんなとき〝犯人〟にされるのは、たいていお嫁さんやお孫さんです。盗んだ疑いをかけられた方はたまったものではありませんが、**もの盗られ妄想は本格的な認知症に移行する境目の段階に見られる問題行動**で、ずっとは続きません。まだ気力のある時期に一時的に見られる現象のため、病状が進んで意欲や興味が失われるとこのようなこともなくなります。ただし、会話はしっかりできているので、他人が聞いたら妄想を真に受けられてしまいかねません。ご近所などとトラブルにならないよう、それとなく周りに事情を説明しておくとよいでしょう。

お互いがハッピーになる声かけ

NG

「誰も盗んでなんかいないよ」

「しまった場所を忘れたんでしょ」

「人を疑ってばかりいると嫌われるよ」

POINT

お年寄りの言葉を否定するような話し方は孤独感を強めてしまいます。「盗られてしまった」気持ちを理解していることを伝えることが大切です。

GOOD

「それは困ったね」

「今日は見つからないけど、大丈夫よ」

「大丈夫。一緒に探そうね」

ドクターアドバイス

- もの盗られ妄想は、認知症に移行する境目の段階で起きる現象です。
- 一時的な現象なので、まだ気力がある証拠と前向きにとらえましょう。
- 否定しないで一緒に探して、味方であることを伝えて安心させましょう。

車の運転

「運転には自信がある！」とやめてくれない

頭がしっかりしていても車の運転は80歳までが目安

車に傷がついていたら、運転のやめどきサイン

あるとき、クリニックで患者さんを診察していると、ドーンというものすごい音。来院した70代後半の男性が、オーバーランして車を壁にぶつけたのですが、驚いたのはそのあとの言動。「いつものことですから」とご本人はニコニコしているのです。ぶつけるなど言語道断ですが、車に傷がついているのを見つけたら、運転はやめたほうがいいというサインだと、家族は肝に銘じてください。

２０１７年3月に道路交通法が改正され、**75歳以上の高齢ドライバーの免許更新時に認知機能検査が義務づけられた**ため、私のクリニックにも高齢者が検査を受けに来られます。ＭＭＳＥ※検査で合格ラインを上回れば正常と判断されますが、高齢者はとっさの判断力や反射神経が鈍くなっているのは否めません。どんなにベテランでも、車の運転はギリギリ80歳までが目安だと思います。

※ＭＭＳＥ（ミニメンタルステート検査）は、認知症の度合いを見る検査。30点満点で23点以下は認知症の疑い、27点以下は軽度認知障害（ＭＣＩ）の疑いとされる。

ドクター
アドバイス

- 高齢者はとっさの判断力や反射神経が鈍くなってしまいます。
- 危なっかしい運転だと感じたら免許証の自主返納を強く説得しましょう。

独居老人

同居を嫌がり、一人暮らしにこだわり続ける

周りがサポートして、本人の意思を尊重する

一人暮らしにこだわるには理由がある

長年住み慣れた家を離れたくない、周りに友人・知人・親戚などが多いので今さらよそに行きたくない、子供に迷惑をかけたくないなど、お年寄りが一人暮らしにこだわるにはそれなりの理由があります。

田舎の親を呼び寄せて同居したら認知症が悪化した……という相談を受けることがありますが、住む場所が変わったからといって急激に脳が萎縮するとも思えません。おそらく生活環境の変化についていけないことが原因でしょう。長年住み慣れた自宅と新しい家ではすべてにおいて勝手が違います。わが家では体が覚えていたことを、新しい家ではまた一つひとつ学習し直さなければいけません。脳のレベルが衰えているお年寄りにはそれはとても無理な話。それが、はた目には「認知症が悪化した」ように見えるのでしょう。このような**生活環境の変化による症状は、数週間くらいで元に戻ることもある**ので心配しすぎないことです。

老人の気持ち

近所のお友だちは宝もの。新しい土地へ行って孤独になるのは絶対に嫌だわ！

認知症でも生活能力が高い人がいる

気の進まない親を無理やり呼び寄せて同居したり、老人ホームに入所させたりするのが、必ずしもベストな方法だとは思えません。

心理検査で評価すると中等度レベルまで進行した**認知症で脳の働きが鈍っていても、もともと家庭の主婦としての生活能力に長けていて、掃除、洗濯、料理作りなどの家事を見事にこなしている方も多い**のです。また、家事をすることで脳が刺激され、認知症を予防する効果も期待できます。

生活していく能力は個人差がありますが、私は、たとえ認知症でも、曲がりなりにも一人暮らしが維持できている方なら、ヘルパーさんの助けを借りたり家族がサポートしたりしながら、そのままの生活を続けさせてあげてもよいと思います。

一方、認知症でなくても生活能力ゼロの男性は、妻に先立たれると一人暮らしが難しくなります。思い当たる男性は、若いうちから家事能力を高めておくことをおすすめします。

お互いがハッピーになる声かけ

NG

「もう一人暮らしは無理よ」
「遠距離介護は疲れるの」
「火事でもだしたら困るわ」

POINT

子供の仕事や生活の都合で、親の一人暮らしを否定するのはやめましょう。自立を応援することで、お互いを尊重し合えるいい関係が築けます。

GOOD

「一人暮らしを応援するね」
「心配なことがあったら電話して」
「ヘルパーさんが手伝ってくれるよ」

ドクターアドバイス

- 高齢者の生活環境の変化では認知症になることは考えにくいことです。
- 掃除、洗濯、料理など、家事を続けることは脳の老化予防になります。
- 本人の意思を尊重して、ヘルパーさんや家族で支援しましょう。

高齢者医療の診察室から

老化に伴う〝お困りごと〟もポジティブにとらえてみよう

故・赤瀬川原平さんの『老人力』という本が大ブームを巻き起こしたことがありました。もの忘れや老眼、足腰の衰えなど、年をとると出てくるいろいろなお困り現象。普通なら否定的にとらえるところですが、逆に「老人力がついてきた」と笑い飛ばす、その発想が何ともユニークでした。

加齢はさまざまな形で体や心を変化させます。みなさん、それに悩んで私のクリニックに相談にやってくるのですが、**「加齢による変化」はとらえ方次第で悲観的にもなるし、逆に望ましい現象になることもある**のです。

たとえばよくある「頻尿」の悩み。その多くは、尿をもらしてプライドが傷つくような経験をしたりすると、今度はそうならないようにと思って、ちょっと尿意を感じた段階で「今のうちにトイレに行っておこう」とトイレに行く。ところが、もの忘れのある人はさっき行ったことを忘れてしまうので、しばらくするとまた「トイレに行っておこう」と再度行く、というケースです。家族からすれば1時間に4、5回もトイレに行くのはさすがに異常なので、医者に見せたほうがいいのではないかと私のところへ連れてくるわけです。

しかし、お年寄りで最も問題なのは、意欲をなくして一日中ボ〜ッとしていたりゴロゴロしていることです。それに比べるとトイレに通うという行為は、それだけ能動的に頭や体を使っていることになります。水道代が少々かさむかもしれませんが、いい運動になっていると考えれば、むしろ頻尿は好ましいことだといえるでしょう。赤瀬川さん流に「うちの親はものすごく老人力がついてきた」ととらえれば、それほど深刻にならずにすみます。老化に伴うお困りごとを肯定的にとらえる発想の転換を心がけてみましょう。それが、ポジティブな、よい年の重ね方ができるコツではないでしょうか。

家事

家事をやりたがるが雑なので二度手間になる

▼手伝ってもらったら感謝の気持ちを言葉で伝える

「誰かのために役に立っている」ことがうれしい

家事を手伝ってくれるのは意欲があるということ。ありがたいことですが、ただ、食器の汚れが落ちていなかったり、洗濯物をシワくちゃのまま干したりされると、二度手間になってイライラすることもあります。気力・体力が低下した上に、**視力や脳の働きが衰えると手先の器用さも失われてしまいます**。家事力が低下するのは仕方ないことだと理解しましょう。その上で、ご本人ができることを手伝ってもらうとよいでしょう。そして、手伝ってもらったら「ありがとう。助かったわ」とひと声かけてあげてください。

お年寄りは、感謝されると「誰かのために役に立っている」と感じ、自分の価値を再確認できてうれしいものです。ちなみに料理の手順がわからなくなった場合は、認知症のサインです。早めに受診すれば、早めに治療がスタートできます。

ドクター
アドバイス

- 家事の手抜きは、気力や体力の低下が原因で始まります。
- 家の中にゴミが散乱するようになったら、一人暮らしの限界かも……。

生活能力

冷蔵庫に2年前の水ようかんが…賞味期限に無頓着

冷蔵庫は生活能力を反映する鏡
定期的に中をチェックしよう

高価な食べ物を大事にする習性がある

食品の賞味期限は表示場所もわかりにくいし文字も小さいので、いちいち確かめろというほうが酷かもしれません。それとは別に、お年寄りには、高価な食べ物を「自分一人で食べてしまうのはもったいない。子供や孫が来たら食べさせてあげよう」ととっておく習性があり、後生大事にしすぎて、いつのまにか賞味期限を切らせてしまうのです。若い人なら多少期限を過ぎていても五感で判断できますが、視力や味覚が衰えているお年寄りはカビが生えていても平気で食べてしまう恐れもあるので要注意。親が一人暮らしの方などは、定期的に冷蔵庫の中をチェックしましょう。

冷蔵庫はその人の生活能力を反映する鏡のようなものです。同じ食品ばかりあったり、中が乱雑だったり、期限切れのものがたくさんあったりしたら、そろそろサポートが必要かもしれません。

ドクターアドバイス

- 検査で判定できない認知症の始まりは、冷蔵庫の中身でわかります。
- 目がかすんで、食べ物のカビを見逃すこともあるので注意しましょう。

捨てられない

もったいないと、不用品を捨てずに溜め込んでしまう

▼

「家を片づけると探しモノが減るよ」と前向きな言葉で説得する

散乱したモノにつまずいて転倒する危険大

モノのない時代に育った高齢者は、モノへの執着心と、捨てることへの罪悪感が強くあります。

そのため、「いつか使うかもしれない」「もったいない」「これは高かったから」と捨てられず、やがて家中がモノであふれてしまうのです。

高齢者が家の中にモノを溜め込むと、若い人とはまた違った深刻な問題が起きてきます。目がかすんで見えにくく、反射神経も落ちているため、**床にモノが散乱していると、つまずいて転倒する危険が大きい**のです。骨折して、入院から寝たきり生活にでもなったら大変です。

また、年をとると探しモノが増えますが、部屋がモノであふれていると探すのにも一苦労です。「最近、探しモノばかりしているんです」と患者さんからよく相談を受けるのですが、そんなとき私は「家の中を片づけると探しモノが減りますよ」とアドバイスしています。

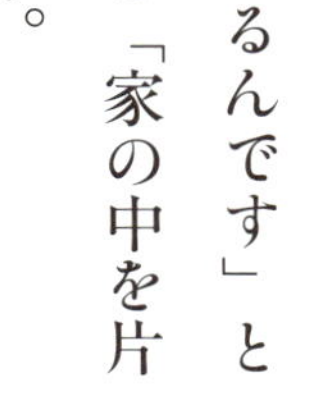

老人の気持ち

「捨てろ、捨てろ」とうるさい！ もったいない、まだまだ使えるものばかりよ。

今あるモノを半分に減らすのが理想

遺品整理のプロの話では、80代後半の女性は3トンもの持ちモノがあり、生前に半分に減らすのが理想だそう。まずは「必要なモノ」「必要ないモノ」「迷うモノ」に分類し、次に、必要ないものは「思い切って捨てる」「譲る」「売る」と仕分けしていくとよいそうです。

モノを処分するのは相当な精神力と体力がいるので、高齢者が自力で行うのは無理。家族や親族が手伝いましょう。「いらないから捨てましょう」ではなく、「つまずいて転んだら危ないよ」「しょっちゅう探しモノをしなくてよくなるよ」などとうまく説得してください。

お年寄りはモノを捨てることに強い抵抗感があるので、誰かに使ってもらう、リサイクルショップに売ると言ったほうが納得するかもしれません。無理強いはよくありませんが、親が亡くなってから一気に捨てようとするとプロに頼まなければならず、大変なお金と労力がかかります。できれば今のうちから手をつけておきたいものです。

お互いがハッピーになる声かけ

NG

「こんなに溜め込んだら邪魔でしょ」

「いらないモノは、全部捨ててよ」

「整理してくれないと私が困るの！」

POINT

お年寄りにとって、モノを捨てることは精神的にも体力的にも困難です。「手伝うよ」と定期的に声をかけましょう。

GOOD

「一緒に片付けましょうね」

「モノにつまずくと危ないから、整理して押入れにしまおうね」

ドクターアドバイス

- 捨てるのは相当な精神力と体力が必要。自力で行うのは困難です。
- 家の中のモノにつまずいて転倒、骨折する危険がありますので注意を。
- 家の中の片付けをすると探しモノが減ると前向きに説得しましょう。

高齢者医療の診察室から

幸せな老後を過ごすためには心の老化ケアがとても重要

老化によって変化するのは身体だけではありません。心、つまり精神面も変化していきます。頑固になったり、悲観的になったり、怒りっぽくなったり、無気力になったり。また、感情を抑えきれず、「キレる老人」も問題になっています。

これらは年をとって性格が変わったというより、脳の老化が原因であることが多いのです。定年を迎えて社会の中心的ポジションからはずれ、生活環境が変わったために不安感を抱くこともあるでしょう。

高齢者は社会的に見ても、大きな変化にさらされる世代です。会社の第一線を退いて、これまで築いてきた人脈や肩書きがなくなる一方で、今は平均寿命も延びて、老後の人生が長くなっています。仕事から解放されたものの、生きがいを見失って戸惑っている人も少なくありません。

またこの年代は、伴侶が病気になる、親しい友人が亡くなるなど、「死」が身近になってきます。自分にも不幸が起こるかもしれない……と、気分的に不安定になったりふさぎがちになったりするのも無理のないことです。持病のある人も多いですし、経済的な心配も現実問題としてあるでしょう。まだ独立しない子供にパラサイトされている人も、老いた親の介護をしている人もいるでしょう。年をとっても身の回りにはストレスがいっぱいです。

病院勤務のころはさほど感じなかったのですが、クリニックを開院してからは、不安症によってさまざまな体の症状を訴える人が数多くいることに驚きました。心と体は密接に結びついています。**不安が強いと引きこもりがちになり、活動性が低下するので、ますます気持ちが衰えていくという悪循環に陥ります。**

このようなことから、今問題になっているフレイル（高齢者の虚弱）に進んでしまうこともあるので、心のケアは非常に大事です。

親子200人アンケート

老いた親から学ぶことはありますか？

近所付き合いを大切にしている姿を見て、老人になってからの助け合いのコミュニケーションの重要さを学んでいます。（50歳男性、母81歳）

認知症の母は、周りの人への「ありがとう」の言葉が多い。元々の謙虚さが老後生活を豊かにすることを知らされた。（60歳女性、母89歳）

家族に迷惑をかけないために、3食きちんと食べたり、よく歩いたり、意識して健康管理をしているところ。（48歳男性、父84歳）

認知症の進行は止められないこと、老いを受け入れることの大切さがわかった。（60歳男性、父88歳）

花を生けたり、絵を飾ったり、日々の暮らしを楽しむ気持ちの大切さ。（51歳女性、母80歳）

年をとるとスピード感が遅くなること。何か質問したとき、無視されたかなと思うほど時間差で返事がくる。会話に限らず、このことを理解してからイライラしなくなった。（48歳男性、父83歳）

榎本内科クリニックで実施した『親世代・子世代200人アンケート』のフリーコメント回答から抜粋し、紹介しています。

第3章

老いて衰えるばかり!?

高齢者の困った生活

食生活の乱れ

料理好きだったのに、食に無頓着になった

▼卵や乳製品で効率よくタンパク質を摂り、低栄養を予防する

高齢者は「低栄養」状態に陥りやすい

患者さんの血液検査で私が最初に見るのは、総タンパクとアルブミンの数値です。これらの値は食生活を反映していて、栄養がちゃんと摂れているか、内臓の状態は良好か、筋肉量は維持できているかなど、ご老人の基礎体力がわかります。高齢でもしっかり食べている人は基礎体力が維持されています。

ところが、年をとると食生活が乱れ食事がおろそかになってきます。食欲が落ちて食べる量も減るし、1日2食になったり、手軽な菓子パンのようなものばかり食べたりして**「低栄養」状態に陥る高齢者**が増えています。また、料理上手だった人が、認知症が始まって料理ができなくなるケースもあります。料理は「発案」「計画」「実行」という作業で脳をフルに使いますが、認知症になると段取りができなくなるので料理の手順がわからなくなるのです。

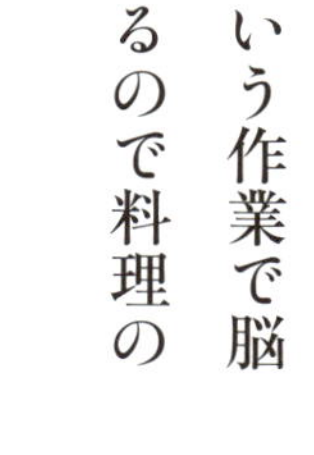

老人の気持ち

1人分だと材料も余らせるし料理も面倒くさい。食欲もないから菓子パンが手軽だわ。

肉や魚、乳製品などタンパク質を毎日食べる工夫を

栄養不足になりやすい高齢者には、栄養バランスの改善が必要です。特に**タンパク質が必須栄養**なので肉や魚、卵、大豆製品、乳製品などは意識して毎日食べるようにしましょう。肉や魚をたくさん食べるのは無理という人には、卵や乳製品がおすすめ。牛乳、ヨーグルト、チーズなどは食べやすく、効率よくタンパク質が摂れます。歯が悪かったりして食べるのが困難な人には、食べやすい工夫をしてあげること。私のクリニックに来る患者さんの中にも、1日2食しか食べないという方には、3食ちゃんと食べましょうと指導しています。

低栄養状態が続くと体力が落ち、介護が必要になるケースもあります。ヘルパーさんを頼むとか、老人ホームへの入居も考えたほうがいいかもしれません。「一人暮らしが何とか維持できているなら本人の意思を尊重してあげて」と、96ページで述べたことと矛盾しますが、低栄養になれば話は別です。施設に入ってきちんと3食食べるようになったら、短期間で見違えるほど元気になる人が多いのです。

お互いがハッピーになる声かけ

NG

「菓子パンばっかり食べないで！」

「自分で料理もできなくなったの？」

「食べないと栄養失調になるよ！」

POINT
高齢者は食事に無関心になり、簡単にすませようとする傾向があります。バランスよく3食摂取することが大事だと伝えましょう。

GOOD

「ごはん食べるのが元気の素だよ」

「ヘルパーさんにお願いしよう」

「コンビニのお惣菜っておいしいよ」

ドクターアドバイス

- 菓子パンはお菓子ですので、食事の代わりにはならないと考えましょう。
- 肉や魚、卵、乳製品を食べ、タンパク質をしっかり摂りましょう。
- 栄養不足が心配な場合は施設入所も選択肢に入れましょう。

味覚の衰え

味付けが濃くなった、甘い味ばかり好む

味覚異常が気になる場合は初期の認知症の可能性も……

味付けは認知症の重要なチェックポイント

どんな料理にも醤油を大量にかけるお年寄りに、ギョッとさせられることがありますが、これは味オンチになっているのです。年をとると味覚、嗅覚、聴覚、触覚、視覚の五感がすべて鈍くなってきます。そのため、健康な人ならしょっぱくてとても食べられないような濃い味つけでも物足りなく感じて、やたらと醤油をかけてしまうのです。

高齢者の味覚低下の主な原因としては、①食事の量が減ったり偏ったりして、舌の味蕾《みらい》にある味細胞《みさいぼう》の新陳代謝に欠かせない亜鉛が不足する②唾液の分泌が減ったところに入れ歯の不具合や口内炎などが起きて、口の中にトラブルを抱えやすい③何種類もの薬を飲んでいるためにその副作用で味覚異常を起こしている、などがあげられます。その他には、アルツハイマーなど**認知症の一症状として味覚異常が現れる**こともあるので要注意です。

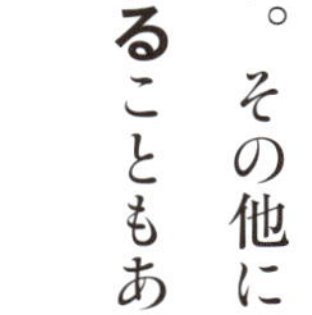

老人の気持ち

最近、薄味の料理が多くて物足りない。
うーんと甘いまんじゅうがおいしいなー。

五感が鈍くなっているので熱中症にも注意

料理の味付けがどんどん濃くなって、「これはおかしい!?」と家族が認知症に気づいたケースもあります。自分で食事作りをしているお年寄りなら、味付けの変化は重要なチェックポイントです。知らないうちにどんどん塩味が濃くなり、血圧が上がったり腎臓の機能が悪化する方もいます。また、アルツハイマー病などの認知症になると甘いものを極端に好む傾向があり、飴を一日中なめている人もいます。味覚の衰えの原因が、偏った食生活による亜鉛不足の場合は、カキをはじめとする魚介類、肉類、チーズ、大豆製品などを摂るとよいでしょう。

味覚がおかしくなったら、五感が鈍くなっている可能性もあります。食事をしても満腹中枢が狂っているせいで、目の前にあるものを全部食べてあとで吐いたりすることも……。また、暑さや寒さにも鈍感です。特に夏場は、エアコンをつけずに蒸し風呂のような部屋にこもって熱中症になることがありますから、家族は注意してあげてください。

お互いがハッピーになる声かけ

NG

「料理にどぼどぼ醤油をかけないで」

「甘いものばかり食べてると太るよ」

「夏なのに暖房つけないで！」

POINT

味覚の衰えの要因は、薬や病気の影響などさまざまです。食生活の偏りが原因で亜鉛不足になるのでバランスのよい食事を心がけましょう。

GOOD

「健康には薄味が一番だよ」

「色々な種類の食材を食べようね」

「部屋の温度設定は私に任せてね」

ドクターアドバイス

- 亜鉛不足の場合は、まんべんなく栄養が摂れる食事を心がけましょう。
- 特に五感が鈍くなっているときは、認知症の初期の可能性も考えられます。
- 夏場、部屋の中で熱中症になりやすいのでくれぐれも注意をしましょう。

高齢者医療の診察室から

年をとったら「高齢診療科」の受診をすすめる理由

年をとると誰でも持病の2つや3つは持っているものです。高血圧、糖尿病、骨粗しょう症、もの忘れなど、まるで病気のデパートのような人もいます。そのつど、内科、整形外科、精神神経科などを回るとなると、通院だけでも大仕事です。それだけならまだしも、個別に治療を受けると、一方の病気で行われた治療が、もう一方の病気に悪影響を及ぼすこともあるので、それを考慮しながらバランスよく治療することが高齢者にはとても重要です。

また、高齢になって現れる体の不具合は、病気というより、〝老化に伴う自然現象〟であることも多いのです。そんなとき私は、薬を使って一気に治すより、生活指導をしながら日常に差しさわりのない状態に持っていく方法を選ぶこともよくあります。このように**認知症から内臓の病気まで、高齢の患者さん一人ひとりの全身管理を一手に引き受けてくれるのが「高齢診療科」**です。

皆さんが恐れる認知症にしても、85歳を超えると40パーセント以上の人がなってしまいます。今のところ、認知症を根本的に治す治療法はなく、早期発見早期治療で進行を遅らせることが最善の治療法といわれています。

しかし、経験のない家族はお年寄りの微妙な変化に気づかないことが多いものです。その点、高齢診療科のかかりつけ医を持っていて、正常なときから知ってもらっていれば、ささいな変化にも気づいてくれて認知症の早期発見にもつながります。私の経験でも「きちんと来院していたのに、最近不定期になった」「話がどうも噛み合わなくなった」などの変化から、長く診ている患者さんの認知症に気づいたこともあります。もし近くに「高齢診療科」や「老年病科」など、総合的な高齢者診療をしてくれるクリニックがあれば、かかりつけ医として利用されることを強くおすすめします。

聴力の低下

聞こえたふりをするほど補聴器をつけたがらない

補聴器は慣れるのに時間が必要
訓練や調整を根気よくサポートして

おばあちゃん補聴器ちゃんと使ってる?
はいはい
聞こえてますよ

老人性難聴は音を言葉として捉えにくい

老人性難聴は、音は聞こえても言葉としてとらえにくくなるのが特徴です。「テレビのバラエティ番組を見ていても、タレントが早口で何を言っているのかさっぱりわかりません。わかるのはNHKのアナウンサーが読むニュースくらいです」とおっしゃるお年寄りもいます。

耳が遠くなると、顔を合わせて1対1での会話は何とかできても、**大人数でのおしゃべりが聞きとれなくなります**。家族のほうも、いちいちお年寄りの耳元に顔を近づけて話すのが面倒になるので、話しかける回数が自然と減っていきます。

家族で楽しくおしゃべりしている中でお年寄りがポツンと一人だけ会話から取り残されてしまうと、疎外感を味わうし、口数も少なくなります。それが認知症の引き金になることもありますから、おしゃべりはとても大事なのです。そのためには補聴器の助けを借りましょう。

老人の気持ち

補聴器は、いろんな音がいっぺんに聞こえてうるさいから絶対つけたくない。

補聴器は慣れが必要なので早めに使い始めよう

補聴器を嫌がる理由は、ハウリング（ピーピーと鳴る雑音）があったり、感度が良すぎて小さな雑音まで拾ってしまうからです。この音が不快で疲れると言って、せっかく片耳15万～20万円もの高いお金を出して買った補聴器を使ってくれない、と嘆いているご家族もいます。多少値が張りますが、最近はデジタル式の補聴器も開発されていて、アナログ式に比べると雑音も少ないようです。

補聴器は買ってすぐ快適に使えるというものではありません。微妙な調整をしながら根気よく訓練を重ねる必要があること、慣れるまでに時間がかかることを予告しておきましょう。家族は、「できるだけ雑音のない環境で」「大声ではなく普通の声で」「ゆっくり」「はっきり」話しかけるのがポイントです。

補聴器の操作は高齢になるほど慣れるのが難しくなって、ギブアップする確率も高くなります。聴力が低下しているとわかった段階で、できるだけ早く使い始めれば抵抗感も少ないと思います。

お互いがハッピーになる声かけ

NG

「何度も同じこと言わせないでよ」

「耳が遠くなったから補聴器つけて」

「せっかく買ったんだから使ってよ」

POINT

高齢者の場合、難聴気味でも生活に不便を感じにくいものです。会話がラクに楽しめるようになるなど補聴器のメリットを伝えましょう。

GOOD

「ラクに会話ができるようになるよ」

「おしゃべりが楽しめるようになるよ」

「気長に少しずつ慣れていこうね」

ドクターアドバイス

- 雑音のない環境で、ゆっくり、はっきり話しかけましょう。
- 補聴器に慣れるまで時間がかかることを上手に伝えましょう。
- お年寄りに話しかけるときは、口に手をあててから話すと注意が向くので聞きとりがよくなります。

体重の増減

やせても太っても「病気かな…」と不安がる

75歳を過ぎて月に2キロ以上の体重の増減があれば要注意！

やせたら食べて運動、太ったらかかりつけ医に相談

75歳以上の高齢者がやせた場合は**サルコペニアやフレイル**が考えられます。サルコペニアは加齢や病気によって筋肉が衰えること。フレイルはその結果として活動が低下して虚弱状態になることです。

お年寄りは食べる量が減って栄養状態が悪くなる上に運動もしなくなるので、筋肉量が落ちて体重が減ってしまいます。特に脚の筋力が衰えると歩かなくなり、ますます筋肉量が落ちるという悪循環に陥ります。そのため、食べて運動することが重要です。

太ることも問題です。年をとってから筋肉や脂肪がついて太ることはまずないので、もし体重が増えたら、それは心臓や腎臓が悪くて体がむくんでいる可能性があり、利尿剤などでコントロールする必要があるかもしれません。私の経験では、75歳を過ぎてから、月に2キロ以上体重の増減があれば注意が必要だと思います。

ドクター
アドバイス

- 75歳を過ぎたら自分の体重をキープすることが大事です。
- やせてきたら、食事と運動で筋肉量を増やしましょう。

高齢者医療の診察室から

寝たきりにならないために知っておきたい3つの言葉

最近、高齢者の健康状態を表すキーワードとして「サルコペニア」「ロコモティブシンドローム」「フレイル」などの言葉をひんぱんに耳にするようになりました。いずれも体の老化現象を表す言葉です。

「**サルコペニア**」とは、加齢や病気によって筋肉量が減り、全身の筋力が低下したために体の機能が衰えてしまうことを言います。歩きが遅くなった、杖や手すりなどの補助がないと歩けない、階段を1階分歩くだけでもつらい、などという人はサルコペニアに当てはまります。

「**ロコモティブシンドローム**」は、筋肉や骨、椎間板《ついかんばん》などの運動器に障害が起きたために、立ったり歩いたりする運動機能が低下してしまうことです。これが進むと介護が必要になることもあります。

「フレイル」とは「高齢者の虚弱」のこと。健康な状態とは言えないけれど、まだ要介護状態でもない、その中間の状態です。心身の活力が低下し、体重減少、疲れやすい、歩く速度が遅くなる、筋力が低下する、身体活動量が低下する、などの症状が見られます。フレイルは身体的要因だけでなく、認知症やうつ病などの精神的要因、孤立などの社会的要因とも関係しています。

これら3つの症状はお互いに影響し合っていて、サルコペニアが原因でロコモティブシンドロームになり、その結果フレイルになって、要介護に突き進むというコースをたどります。このように**高齢者の生活の質の低下を招くそもそものきっかけとなるのが〝筋肉量の低下〟**です。つまり、要介護になりたくなければ、まずはタンパク質をしっかりとって運動し、筋肉量を減らさないこと。その上で社会活動にも参加して活発な日常生活を送れば、サルコペニアやロコモティブシンドローム、フレイルを防ぐことができるのです。

頻尿

トイレが近くて映画も旅行も楽しめない…

「みんな使っているわよ」とリハビリパンツをすすめる

高齢者は頻尿と尿もれがセットで起きる

頻尿はお年寄りに見られる代表的で、なおかつ深刻な症状です。私のクリニックでも、診察の順番が来てお名前を呼んでもトイレに行ってしまって、待ち合い室にいないことは日常茶飯事です。

頻尿になるのは、年をとると膀胱にためられる尿の量が減少するからです。同時に、骨盤底の筋肉が衰えて尿道を締める力が弱くなるため、尿がもれやすくなります。高齢者では、この頻尿と尿もれがセットで起きます。女性は男性にくらべて尿道が短いので、尿もれが起きやすいと言えます。一方、男性は前立腺《ぜんりつせん》肥大《ひだい》で尿が出にくくなるので、同じ尿漏れでも、膀胱がパンパンになってからザーッとあふれるような失禁を起こします。特に冬場は感覚が鈍って尿意を感じにくくなっている上に、厚着をして脱ぐのに時間がかかるので、女性も男性も、トイレに着いたとたんジャーっともらしてしまうことがあります。

老人の気持ち

トイレが近いのでバスや電車に乗るのが不安。大好きな歌舞伎も心から楽しめない。

リハビリパンツを積極的に利用して快適な外出を

頻尿や尿もれがあると、映画を観に行ったり、友達と旅行をするといったせっかくの楽しみも「トイレにばかり行っているとみんなに迷惑かけるから」と気おくれするようになります。特にプライドの高い男性の場合、失禁してズボンをびしょびしょにした経験があったりすると、それがトラウマとなって家に閉じこもってしまうケースもあります。

年をとったらトイレが近くなるのは当たり前ですから、外出先でも周りの人に遠慮せず、「ちょっと失礼」とトイレに立つのがよいでしょう。お年寄りは、せっぱ詰まるまで尿意を感じにくくなっているので、外出先でトイレを目にしたら、家族は「トイレは大丈夫?」と声をかけてあげると失敗を避けられるでしょう。間に合わずにもらしてしまうのが心配なら、リハビリパンツをつけることをおすすめします。始めは抵抗して嫌がるかもしれませんが「みんな使っているわよ」と声をかけて。また、尿もれを気にして水分を控えるのは脱水状態を招くのでやめましょう。

お互いがハッピーになる声かけ

NG

「またもらしちゃったのー」

「洗濯が大変だからオムツにしてよ」

「なんだかおしっこくさいよ」

POINT

頻尿や尿もれは高齢者にとって悩みのタネ。リハビリパンツをオムツととらえると抵抗感が増すので、便利な下着だとポジティブに伝えましょう。

GOOD

「使い捨ての下着だから便利だよ」

「汚れてもイヤな思いをしないよ」

「みんな使っているよ、試してみて」

ドクターアドバイス

- 軽い尿もれなら、骨盤底の筋肉を鍛える体操で改善しましょう。
- 外出時には、リハビリパンツを上手にすすめてあげましょう。
- 尿もれを気にして外出のときに水分を控えるのはよくありません。

便秘

お通じがなく、便秘薬を何種類も飲んでしまう

薬の飲み過ぎは腸の働きを悪くするので運動で改善を！

週に3～4回お通じがあれば心配ない

加齢とともに便秘も増えてきます。便秘は女性に多いというイメージがありますが、70代になると男性にも増えてきて、80代では男女差がなくなります。理由は、年をとると食事や水分の摂取量が減る、運動不足になる、腸の働きが低下する、腹筋や背筋が弱くなって腹圧がかかりにくい、つまりいきむ力が弱くなってくるなどです。

お通じは毎日なくても心配ありません。1日3食食べて週に3～4回便が出ていれば大丈夫です。それより**問題なのは、毎日出ないと強迫観念にかられ、市販薬を追加して何種類も飲んでしまうこと。**これでは薬への依存性を高めて、かえって腸の働きを落としかねません。薬に頼らず、ウォーキングなどの運動で腸の働きを改善しましょう。便秘が続いて、過剰にお腹がふくらんできた、食欲がなくなった、吐いた、などの症状があるときは医師に相談してください。

ドクターアドバイス

- **薬に依存すると腸の働きが衰えて、ますます便秘が悪化します。**
- **食事がきちんと摂れて、栄養状態がよければ心配ないでしょう。**

転倒

段差がないところでよく転ぶ、つまずく

▼買い物をしながら適度に歩くなど無理せずに脚力を鍛える工夫を

白内障や耳の三半規管の衰えも一因に

加齢により脚力が衰えると、歩くときにつま先が上がらなくなります。大きな段差は本人も意識して足を上げますが、ちょっとした段差、たとえば畳のへりやアスファルトのわずかな凸凹では、油断して歩くとつまずいてしまいます。特にアスファルトは摩擦係数が高く、つま先が引っかかりやすいので要注意です。

特に高齢者には夕方が危険です。白内障《はくないしょう》があると曇りガラスを通してモノを見ているような状態なので、薄暗くなると足元が見えにくくなって、とたんに転びやすくなります。他には耳の三半規管が衰えて平衡感覚が落ちてくるのも一因です。

しかし、転ぶのが怖いからと歩かなくなるとますます転びやすくなります。近くのスーパーなどに行って、店内を買い物しながら歩けば適度な運動になるし、脳への刺激にもなるのでおすすめです。

ドクターアドバイス

- 高齢者は反射神経が鈍くなって手が出ず、顔から転んでしまうので要注意。
- 転倒予防には運動習慣が重要。杖やシルバーカーの使用もおすすめ。

高齢者医療の診察室から

老化による体の変化がわかる4つのキーワード

老化現象によって起こる体の変化は、**①減少する ②しなやかさを失う ③鈍くなる ④バランスが悪くなる**――の4つの言葉で表すことができます。

①減少する代表的なものが脳神経細胞です。脳細胞が死滅して減るために判断力が落ちたりもの忘れが起きてきます。筋肉が減って筋力が衰えれば運動能力が落ちてきます。骨量も減って、骨折しやすくなったり身長が縮んできます。

②しなやかさを失う代表的なものが血管で、老化によって動脈硬化が起きてきます。血管がしなやかさを失って硬くなり、体のすみずみまで血液が届きにくくなると、全身の臓器の働きが落ちて体がさらに老化します。血管が詰まれば脳梗塞や心筋梗塞になるし、しなやかさを失った血管がもろくなって破れる

と、脳出血や動脈瘤《どうみゃくりゅう》破裂《はれつ》にもつながります。

③鈍くなるのも老化現象の一つで、五感のすべてが鈍くなります。視力や聴力の低下はわかりやすいのですが、はた目にわかりにくいのが皮膚感覚の衰えです。実際に多くの高齢者を診察していて不思議に思うのですが、皮膚感覚が鈍くなると、大半の人は実際よりも気温を低く感じるようです。高齢者が夏場、屋内でクーラーもつけずに熱中症になってしまうのは暑いと感じないからです。

④バランスが悪くなるのは、身体機能を一定の状態に調節するホメオスタシスという機能が老化によって不安定になることで起こります。その結果、自然治癒力が低下して、高血圧や糖尿病、脂質異常症などのいわゆる生活習慣病になります。夜間の頻尿などもホメオスタシスの乱れから起きてきます。

このような体の変化は加齢とともに誰にも起きますが、個人差、男女差があります。60代で老け込んでしまう人もいれば、90歳を過ぎても元気はつらつの人もいるのが老化のしくみの興味深いところです。

口腔ケア

夜、歯磨きや入れ歯の手入れをしないで寝る

口の機能の衰えが老化を早める原因に
入れ歯が合わない場合は早めにケアを

口の機能が低下すると全身の虚弱を招く

70代、80代ともなると虫歯や歯周病で歯を失って、部分入れ歯や総入れ歯になる人が圧倒的多数です。最近、**「オーラルフレイル」**という〝口の機能の衰え〟が全身の老化につながるという考え方が注目されています。つまり、歯が悪くなると固い食べ物がかめなくなって、栄養バランスが悪化し、カロリーも不足して低栄養状態となり、その結果、筋肉量が低下して活動量も落ちてしまうのです。

入れ歯は一度作れば永久に使えるわけではなく、年齢が進んで歯肉がやせてくると合わなくなります。そのまま使っていると周囲の歯に負担をかけたり、歯肉に異常な組織ができたりします。歯の定期検診を受けて、早め早めに治療しておきましょう。認知症になってしまうと調整をしようにもご本人と意思の疎通がとれなくなり、治療を断念せざるをえなくなります。

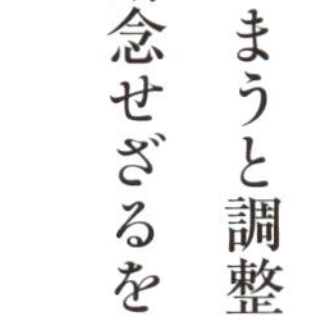

老人の気持ち

入れ歯の調子が悪いけど、歯医者さんに行くのはめんどうだしお金も心配……。

高齢者に多い誤嚥性肺炎の予防に口腔ケアを

体力の落ちたお年寄りにとっては命取りにもなりかねないのが誤嚥性肺炎《ごえんせいはいえん》ですが、私が脳の研究をしていた老人専門病院ではこの誤嚥性肺炎で亡くなる方が非常に多く、当時私が担当していた病理解剖の中でも最多でした。

誤嚥性肺炎を防ぐことがいかに重要か、身をもって経験しましたが、口腔ケアを行って口の中をきれいにすれば防ぐことができます。面倒がっても、うがいや歯磨きは習慣づけたほうがいいでしょう。

年をとると口臭の問題も気になりますが、これは歯周病だけが原因とは限りません。お年寄りに比較的多いのは、逆流性食道炎で胃液がのどに上がってくるために臭うケースです。年をとって食道と胃のつなぎ目の筋肉がゆるむ食道裂孔《れっこう》ヘルニアになると、逆流性食道炎が起きてきます。特に女性は筋肉が弱いため、骨粗しょう症で背骨が曲がってくるとなおさら起きやすいので注意が必要です。しかし、逆流性食道炎による口臭は薬を飲めば治まることも少なくありません。

お互いがハッピーになる声かけ

NG

「すごく口がくさいよ。嫌われるよ」

「歯が悪いとどんどん老け込むよ」

「早く歯医者さんに行って治してよ」

POINT

口腔ケアで全身の老化が予防できることをポジティブに伝えましょう。歯科医院の帰りに外食などのお楽しみを作ると習慣化しやすくなります。

GOOD

「歯が丈夫だと元気でいられるよ」

「食べ物の味がおいしくなるよ」

「歯医者さんに一緒に行って外食しようね」

ドクターアドバイス

- 歯が悪くなると全身の衰えを招くことになることを胆に銘じましょう！
- 歯や歯茎に悪影響があるので、入れ歯の治療は早め早めにを心がけましょう。
- 歯科や口腔外科で定期検診を受け誤嚥性肺炎を予防しましょう。

不眠

寝つきが悪く、すぐ目が覚めてしまう

高齢者の睡眠時間は6時間が目安
睡眠不足を昼寝で補ってもOK

30分以上の昼寝は夜の睡眠に悪影響

年をとると睡眠の質が低下して、夜中に目が覚める**中途覚醒**や、朝早く目が覚める**早朝覚醒**といった睡眠の悩みが多くなります。高齢者は6時間睡眠をとれば十分です。朝早く目が覚めるなら、10時以降に寝るか、眠くなってから布団に入るといいでしょう。

6時間の睡眠がとれなければ昼寝で補ってもかまいません。適切な昼寝の習慣は認知症予防になりますが、30分以上の昼寝をすると逆に認知症の発症率が高くなるという研究もあります。昼寝をするなら15~20分の仮眠に留めておきましょう。布団やベッドに横になると熟睡してしまうので、テーブルにうつ伏せになったり、リクライニングチェアで寝るのがおすすめです。

また、昼夜逆転の生活が原因で眠れない人は、週に3日くらいデイサービスに通えば、きちんとした生活リズムが戻ってきます。

ドクター
アドバイス

- 30分以上の昼寝は、認知症の発症率を高めるので要注意！
- デイサービスをうまく利用して、生活リズムの乱れを整えましょう。

高齢者医療の診察室から

睡眠薬のお世話になる前に、睡眠習慣を変えてみよう

浅い眠り（レム睡眠）から深い眠り（ノンレム睡眠）をくり返す睡眠サイクルは1回約90分で、成人はこのサイクルを1日に4～5回くり返します。ところが、年をとると眠りが浅くなって睡眠サイクルが乱れ、熟睡感がなくなってきます。

解決策として睡眠薬を飲み始める人が多いのですが、従来の睡眠薬には次のような心配な点がありました。

①習慣性があるのでやめられず、使い続けるうちに強い薬が必要になる
②薬が翌朝まで残って、朝起きられなかったり、頭がボーっとしたりする
③筋肉がゆるむので体がふらつき、転倒の原因になる

しかし、最近開発された「ズボレキサント（商品名ベルソムラ）」という薬は

これらの弱点が解消されて、習慣性もなく、持続時間も短くなっています。初めて睡眠薬を使う人には向いていると思います。

「年をとって眠れなくなった……」と悩んでいる人は、睡眠薬のお世話になる前に、まず睡眠習慣や考え方を変えてみることをおすすめします。年をとったら睡眠は6時間で十分と言われますが、夜間に続けて6時間眠れなければ、不足した分は昼寝で補えばよいのです。ただし、昼寝は30分以内に。一晩に2〜3回目が覚めてもあまり深刻に考えず、「横になっているだけでも体は休まる」と開き直りましょう。本人は不眠を訴えても、脳波を分析すると十分な睡眠時間が確保できていたという研究もあります。「必ず6時間眠らなければいけない」「夜の何時までには布団に入る」というこだわりや、寝付けないときに「眠らなきゃ」と悶々とするのはNGです。**布団に入るのは眠くなってから。それも夜の10時を過ぎてから**にしましょう。睡眠へのこだわりを捨て、習慣を変えてみると睡眠薬の助けを借りなくても眠れるようになります。

親子200人アンケート

親からされて うれしいことは何ですか？

季節のものを宅急便で送ってくれてありがたいですが、同送された几帳面な文字の短い手紙がうれしい。（53歳女性、父85歳）

帰省した際に力仕事や買い物などの雑用を頼まれると、頼りにされているんだなとうれしく感じる。（51歳男性、母80歳）

顔を見せたときのうれしそうな笑顔。（63歳女性　母88歳）

実家に泊まったとき、新しいタオルケットを準備してくれていた。帰るときに弁当を持たせてくれた。世話をやいてくれると、やっぱり親だなあと……うれしかった。（46歳女性、母73歳）

発言や行動が昔みたいにしゃんとするときがたまにあって、「元にもどった！」とうれしくなる。（48歳男性　父83歳）

仕事と育児で疲れているとき、ごはんの差し入れのサプライズ。うれしい！（51歳女性、父77歳・母72歳）

榎本内科クリニックで実施した『親世代・子世代200人アンケート』のフリーコメント回答から抜粋し、紹介しています。

付録

「認知症かも？」と感じたら…

家族が知っておきたい3つの基礎知識

不可解な言動は、認知症のはじまり？
正しい知識を持って早期発見・早期治療を

皆さんが高齢者、とりわけ親の不可解な言動に困惑するのは、それが正常な老化によるものか、病的な変化なのかを判断できずに不安になるからでしょう。

私のクリニックに訪れる患者さんのご家族からも、「都合の悪いことはすぐに忘れて、自分にとって必要なことは覚えている。これは、わざとやっているのでしょうか？」という質問をしばしば受けます。

答えはノー。人間の脳は記憶の容量が限られているので、記憶が必要なことと、必要ではないことを無意識のうちに仕分けています。認知症の初期段階では、本人が強く意識すれば記憶できますが、周囲からの言葉や何となく経験したことなどは記憶に残りません。周りの人にとって重要なことでもすっかり忘れてしまい、日常生活に支障が出てきます。

　また、認知症で非常に多く見られる「もの盗られ妄想」もご家族を悩ませる症状です。アルツハイマー型認知症は他罰的な病気で、困った事が起きたら自分ではなく周りが悪いと考える傾向があります。たとえばお金をしまった場所がわからなくなり、見つからないと「誰かが盗んだ」と考えてしまうのです。

　こうしたもの盗られ妄想が認知症の特徴であることを周りが知らなければ、「意地悪で性格がひねくれている老人」とみなされて不幸な立場に追いやられ、家族との関係も悪化します。**本人だけでなく家族のためにも、不可解な言動の原因が、認知症に関連するものであるのかを知っておくことは重要**です。

　認知症と診断されたらこの世の終わり……と不安を抱え、病院に連れて行くことさえ躊躇《ちゅうちょ》する方もいらっしゃるでしょう。確かに認知症は現代医療では治すことは難しい病気です。しかし、早期に発見して治療を受け、適切な周囲のアプローチがあれば、それほど恐れる病気ではありません。

　次ページでは、イザというとき困らないために、ご家族が知っておいてほしい「認知症対応の基本ポイント」について紹介します。

Q 「認知症かも…」と感じたらどう対応すべき？

「あれっ？　ちょっと今までと違うな」と思ったときが受診どき

加齢とともに人の名前が出てこない、昨日食べたものが思い出せないなどもの忘れは増えてきます。どんな状態になったら病院へ行くべきか迷うところ。

「もの忘れ」を専門用語で言うと「**記憶障害**」。障害をきたす記憶には、「**出来事記憶**」と「**手続き記憶**」の２つがあります。出来事記憶とは、昨日は○○さんと会ってご飯を食べたなど、自分が経験した出来事に関する記憶。高齢者なら衰えて当たり前ですし、多少忘れてもそれほど日常生活に支障はありません。

もう一つの手続き記憶とは、お風呂の給湯の仕方、電子レンジの使い方など、意識しなくても覚えている、生活に必要な記憶のことです。この記憶に不具合が生じると、家族やヘルパーさんの保護がないと暮らせなくなります。

手続き記憶が失われ、日常生活に不便や不具合が起きてきたら、受診のタイミングです。しかし、出来事記憶の衰えであっても、これまでとちょっと違うな……と感じたら受診を考えてみてください。

「健康診断」や「検診」という言葉で、受診への抵抗感を少なくする

誰でも「認知症かもしれないから病院に行きましょう」と言われると不安にかられます。受診は「ちょっとものの忘れが多くなっているみたいね。もの忘れの原因がわかれば、いいお薬もあるから安心よ。一度みてもらいましょう」というふうにうながしましょう。また「健康診断」や「検診」といった言葉も、病院に行く抵抗感を少なくします。

一人暮らしの親や親族の場合、地域包括支援センターの人と定期的に連絡をとっておくことをおすすめします。支援センターのスタッフは、認知症の方を地域で支えるために大きな役割を果たしてくれます。

Q 病院ではどのような検査・治療を行うの？

認知症の診断には「頭部画像検査」が欠かせない

病院ではまず問診をして、**「MMSE」「体全体の健康チェック」「頭部画像検査」**を行います。MMSEは、今年が何年かといった質問や図形を描いてもらったりする認知機能判定テスト。健康チェックは、レントゲン、心電図、血液検査です。頭部画像検査には、頭部CTや頭部MRIに加え、脳血流シンチグラムなどいくつか方法がありますが、認知症非専門医の場合、画像検査をしないで診断と治療を行っていることもあるようです。

ベストな治療のためには、初期の段階でアルツハイマー型認知症かどうかを見極めなければなりません。私は認知症の専門医として問診だけでアルツハイマー型認知症かどうかを見分けるのは難しいと感じます。頭部画像検査による診断は、認知症の診断に決して欠かすことができない重要な手順なのです。

薬は「手続き記憶」の維持を目的に使われる

アルツハイマー型認知症では、**「手続き記憶」の維持を目的に進行を遅らせる薬**を使います。初期症状にみられる「出来事記憶」の衰えは、脳の萎縮が原因なので、記憶力を取り戻す薬はまだありません。手続き記憶さえ保たれていれば、周りのサポートを受けながら自宅で生活を続けられます。しかし、初期の段階で適切な薬を使わないと、手続き記憶の維持も難しくなります。

現在、アルツハイマー型認知症の治療薬は4種類あり、医師はその中から適切だと判断した薬を処方します。手続き記憶が維持されていればその薬を続けますが、薬を飲んでいるのに日常生活に支障がある場合は、薬の種類も含め、治療全体の見直しが必要です。認知症の非専門医に薬を処方されている場合は、専門医にセカンドオピニオンを求めてもよいでしょう。

Q 認知症と診断されて家族がすべきことは？

定期的に通院して薬の状況をみながら生活環境を整えていく

薬が処方されたあとの通院サイクルについて、私のクリニックを例に説明します。薬によって違いますが、**最初は2～4週間おきに2、3回通院していただき、まずは薬が安全に飲めているかどうかを観察します**。基本的にどの薬も少ない量から試していって、その方に合う適切な量に増やしていき、副作用がでていないことを確認したら、その後は月1回の通院になります。

3、4か月以降は、介護サービスに通うようにするなど生活環境を整えていく時期になります。生活環境を整えるには、本人と家族と医師という三角形の連携が必要で、そこにケアマネジャーさんなどが加わり、四角形、五角形とネットワークが広がり、意思疎通をはかっていけば治療はうまくいくはずです。

そして、6か月目で一度、薬の判定をします。よい判定が出たら、薬を継続し必要に応じて種類の変更や量を調整しています。

本人の健康維持と家族の息抜きのために、介護サービスを利用しよう

認知症はご本人以上に、介護する家族の問題でもあります。そこでおすすめしたいのがデイサービスやショートステイなどを活用する「**息抜き介護**」。

一方で認知症の方に限らず高齢者にとって、介護サービスには「生活リズムが整う」「脳の運動になる」「体力低下をカバーできる」などのメリットがあります。そこに行けば他の利用者や介護スタッフとおしゃべりしたり体操したりできるので、普段の生活にはない緊張感が持てます。認知症を予防したり、進行を最小限に抑えるためには、なるべく家の外に出て、頭と体を刺激することが何よりのクスリです。本人の健康維持と家族に休息が生まれる介護サービスをぜひ利用しましょう。

おわりに

年をとれば誰でも老いていく あなたはどんな老人になりますか?

この本では、私がクリニックで毎日ご老人とそのご家族に接している中で、感じたことや思ったことを述べさせていただきました。

２００９年にクリニックを開院してから、約１万人の患者さんが来院されました。付き添って来られたご家族を含めるとものすごい人数の方々に会ってきたことになります。

開院初日に、もの忘れの相談で来られた近所のおばあちゃんがいます。診断名は初期アルツハイマー病でした。その後も一人で通院し続け、ときには私の妻がご自宅まで付き添って送って行ったこともありました。

そして、10年たった今でも車椅子でご家族につれられて通院されています。もの忘れは目立ちますが、食事も自分で摂れるし、会話もしっかりしています。

「早いうちから治療を受けたことと、私たちがどう支えていけばいいかを教えていただいたおかげで、おばあちゃんもまだこんなに元気でいられます」とご家族は言ってくださいます。医者の私にとって、とても励みになる言葉です。

誰もが必ず老人になります。

この本は、老いた親との付き合い方に戸惑いやストレスを感じておられる子世代に向けて書いたものですが、子世代の方たちも、あと20～30年もすれば高齢者の仲間入りをします。私のクリニックでも、以前は親御さんの付き添いで来られていた方が、今はご自分の治療で通院されるケースも見られます。

日本は超高齢社会に突入し、2035年には3人に1人が高齢者（65歳以上）になると推計されています。老いた親の姿は、あなたの将来の姿でもあり、あなたに老い方を教えてくれているのです。自分が親と同じ年代になったときに、周囲から嫌われないためにはどんな老人になればよいのか……。

本書は、自身の老後対策を考える上でも参考になると思います。

榎本睦郎

[著者]
榎本睦郎（えのもと むつお）

1967年、神奈川県相模原市生まれ。榎本内科クリニック院長。東京医科大学高齢診療科客員講師。1992年、東京医科大学卒業後、同大大学院に進み、老年病科（現・高齢診療科）入局。1995年より、東京都老人総合研究所（現・東京都健康長寿医療センター）神経病理部門で認知症・神経疾患を研究。1998年、医学博士号取得。七沢リハビリテーション病院脳血管センターなどを経て、2009年、東京都調布市に榎本内科クリニックを開業。現在1か月の来院者約1600名のうち認知症患者は7割ほどにのぼり、高齢者を中心とする地域医療に励んでいる。

著書に『笑って付き合う認知症』（新潮社）がある。

●榎本内科クリニックホームページ
http://www.enomoto-naika-clinic.com/index.html

STAFF
イラスト　森下えみこ
デザイン　金井久幸＋藤 星夏（TwoThree）
編集協力　加賀田節子事務所　野村泰子
校　　正　有限会社くすのき舎

老いた親へのイラッとする気持ちがスーッと消える本

著　者　榎本睦郎
発行者　永岡純一
発行所　株式会社永岡書店
〒176-8518　東京都練馬区豊玉上1-7-14
03(3992)5155[代表]
03(3992)7191[編集]
DTP　編集室クルー
印　刷　精文堂印刷
製　本　ヤマナカ製本

ISBN978-4-522-43632-5　C0036　⑤
乱丁本・落丁本はお取り替えいたします。
本書の無断複写・複製・転載を禁じます。